Tools voor de coach

*De PM-reeks
verschijnt onder hoofdredactie
van Jan de Ruijter*

Jeroen Hendriksen

Tools voor de Coach

Oefeningen ter ondersteuning van het coachingsproces

Uitgeverij Nelissen

Copyright: © Uitgeverij Nelissen, Soest, 2007
Omslag: Matt Art Concept & Design, Haarlem
Illustraties omslag en binnenwerk: Beatrijs van den Bos
ISBN: 978 90 244 1778 0
NUR: 808
1e druk: 2007
2e druk: 2010

ALLE RECHTEN VOORBEHOUDEN

Behoudens de in of krachtens de Auteurswet van 1912 gestelde uitzonderingen mag niets uit deze uitgave worden verveelvoudigd, opgeslagen in een geautomatiseerd gegevensbestand, of openbaar gemaakt, in enige vorm of op enige wijze, hetzij elektronisch, mechanisch, door fotokopieën, opnamen, of enig andere manier, zonder voorafgaande schriftelijke toestemming van de uitgever.

Voor zover het maken van reprografische verveelvoudigingen uit deze uitgave is toegestaan op grond van artikel 16h Auteurswet 1912 dient men de daarvoor wettelijk verschuldigde vergoedingen te voldoen aan de Stichting Reprorecht (Postbus 3060, 2130 KB Hoofddorp, www.reprorecht.nl). Voor het overnemen van gedeelte(n) uit deze uitgave in bloemlezingen, readers en andere compilatiewerken (artikel 16 Auteurswet 1912) kan men zich wenden tot de Stichting PRO (Stichting Publicatie- en Reproductierechten Organisatie, Postbus 3060, 2130 KB Hoofddorp, www.cedar.nl/pro).

www.nelissen.nl
Uitgeverij Nelissen maakt deel uit van Boom uitgevers Amsterdam

Inhoud

Inleiding 7

1	De coach in gesprek 11	
1.1	Doelgericht en resultaatgericht 11	
1.2	Competenties van de coach 19	
1.3	Coachen is leren 22	
1.3.1	Leerniveaus bij coaching 23	
1.4	De tools 27	
1.5	Reflectie en ethiek 29	
1.6	Het lege hoofd 31	

2   De tools 33
2.1   Grondingsoefeningen 33
Tool 1   Gronden: aanwezig zijn in het hier en nu 33
Tool 2   Autogene training: klassieke ontspanningsoefening 39
Tool 3   Ontspannen concentratie: verbeter je prestatie 47
Tool 4   Geleide fantasie: een zoektocht beginnen 50

2.2   Tools gericht op verandering van omgeving en gedrag 54
Tool 5   Wondervraag: de toekomst verbeelden 54
Tool 6   Kaizen: veranderen met kleine stappen 57
Tool 7   Competentieontwikkeling: eigenschappen verbeteren 61
Tool 8   Werkstijlen: een onderzoek naar de voorkeursstijl van leiding geven 66
Tool 9   Tijdmanagementmatrix: prioriteiten leren stellen 70
Tool 10   Inferentieladder: over vooroordelen en blokkerende overtuigingen 75

2.3   Tools gericht op ontwikkeling van vermogens en overtuigingen 80
Tool 11   Atlas van de belevingswereld: een creatieve reis naar heden, verleden en toekomst 80
Tool 12   Blokkerende overtuigingen: het ontwikkelen van effectief gedrag 86

Tool 13 Geweldloze communicatie: eerst voelen,
        dan jezelf uitspreken 92
Tool 14 Innerlijk team: alle stemmen spreken 96
Tool 15 Mindmapping: creatief associëren 102
Tool 16 Resultatenketen: de vraag achter de vraag 107

2.4   Tools voor identiteits- en zingevingsontwikkeling 111
Tool 17 Levensloopverhaal: reflecteren op je eigen
        geschiedenis 111
Tool 18 Twee stoelen: in dialoog met jezelf 115
Tool 19 Visualiseren: onbewuste innerlijke beelden tonen 120
Tool 20 Wandelen: op weg naar reflectie en zingeving 124
Tool 21 Focussen: ervaren van de echte vraag 127
Tool 22 Mediteren: zoeken naar de zin van het bestaan 134

3   Reflectie als cyclisch proces 139
3.1   Inleiding 139
3.2   Denkend over reflectie... 140
3.3   Reflectie als ondersteuning voor de professional 141
3.4   De reflectiecyclus 143
3.5   Reflectie tijdens en na het handelen 148
3.6   Ondersteunende mogelijkheden bij reflectie 149
3.7   De tools voor reflectie 151
3.7.1 Richtvragen voor het reflectieverslag 151
3.7.2 Het reflectieverslag 152
3.7.3 Voorbeeld van een reflectieverslag 153
3.7.4 Reflectielogboek coachee 157
3.7.5 Verbatim schrijven 158
3.7.6 Notitieboekje van coachee en coach 160

Bijlage Het SMART maken van doelen 161

Literatuur 163

Over de auteur 167

Inleiding

Ik loop in Berlijn een drukke boekhandel binnen. Waar ik ook ben, ik kan dat niet laten. Ik vind in de hoek met coachingsboeken het *Methoden-ABC im Coaching* van Werner Vogelauer, een boek vol methoden, werkvormen of *tools* zoals we tegenwoordig in Nederland zo graag zeggen (en ook in dit boek). Het boek van Vogelauer sluit prachtig aan bij de ontwikkeling van methoden/werkvormen/tools waarmee ik in het kader van opleiding van coaches zelf bezig ben. Want coachen is meer dan praten alleen.
Begrijp me goed. Ik keur de praatcoach niet af. Maar ik denk dat de praatcoach gerichter kan werken wanneer hij over een aantal tools beschikt die hij kan inzetten in een gesprek om helderder te krijgen waar de vraag om draait, welke kwaliteiten iemand bezit (nee, in dit boek geen uitwerking van de kernkwaliteiten, dat kan de lezer zelf wel), waar iemands passie verborgen is, welke zingevingsvragen er spelen.
Ik kan niet al mijn tools op afroep produceren wanneer ik in gesprek ben. Ik pak er gewoon een kopietje bij en vertel mijn coachee[1] dat ik even spieken moet. Tien tegen een dat hij ook even wil kijken en het kopietje graag meeneemt naar huis (of naar zijn werk om het bij zijn volgende teambijeenkomst te gebruiken). Ik vind het al heel wat als ik een stuk of vijf tools goed beheers. Ik wil er wel andere bijleren, maar niet over de rug van de coachee. Zo'n plek om uit te proberen vind ik in mijn eigen intervisiegroep met collega's onder elkaar die ook graag onderzoeken, nieuwe tools beproeven en zelfs een eigen tool gaan uitvinden!
Uit die dagelijkse praktijk weet ik dat een 'toolboek' in een behoefte kan voorzien. En ik hoop dat er steeds meer 'laboratoria' ontstaan waar onderzocht en beproefd wordt, zodat coaching een steeds duidelijker gezicht krijgt en zich ontwikkelt tot een echt beroep met duidelijke instrumenten.

---

1 Ik gebruik het uit Engelstalige literatuur afkomstige neutrale begrip 'coachee' liever dan het wat ongenuanceerde begrip 'klant' of het hulpverleningsachtige begrip 'cliënt'.

Daarmee wordt hopelijk ook voorkomen dat tools ingezet worden omdat de coach niets anders kan ('Ik ben spiritueel coach, dus ik coach met spirituele kaarten'), maar omdat de coach wikkend en wegend een voorstel doet om een werkvorm te gebruiken die *op dit moment bij deze coachee* meer inzicht kan geven en meer resultaten kan afwerpen. En niets anders.
Zowel toestemming van de coachee als een tool 'op maat' is voor mij een voorwaarde om überhaupt een tool te gebruiken.

In hoofdstuk 1 komt het tweegesprek aan de orde, waarin ik mijn visie op coachen uiteenzet aan de hand van een beperkt aantal kernpunten. Hoofdstuk 2 vormt de hoofdmoot van dit boek, daarin passeren de tools de revue. De tools heb ik ingedeeld naar leerniveaus en deze leerniveaus zijn opgebouwd op basis van de bekende piramide van Gregory Bateson en Robert Dilts (zie hoofdstuk 1). Dat geeft een extra mogelijkheid om een tool ook bewust aan een leerniveau te koppelen en in te delen naar moeilijkheidsgraad.
De professionele tool bij uitstek voor de coach is zijn mogelijkheid tot reflectie. Vandaar dat ik een apart hoofdstuk, met tools, wijd aan dit fenomeen.

Voor alle duidelijkheid: de tools zoals ik ze in dit boek uitgewerkt heb, zijn geen letterlijke citaten van ideeën van anderen. Sommige tools zijn 'van de tafel gevallen' (zoals dat in het jargon heet) of aangereikt door collega's, zonder dat de bron achterhaald kon worden. Andere tools, afkomstig uit herkenbare boeken, heb ik bewerkt voor het coachingsgesprek. Waar mogelijk heb ik uiteraard de oorspronkelijke bron direct genoemd. Alle tools zijn keer op keer uitgeprobeerd in vele coachings- of trainingssituaties en daardoor veranderd en verbeterd.

Om een voorbeeld te geven: de *cirkel van invloed* en de *cirkel van betrokkenheid* van Stephan Covey (zie figuur 1) zijn twee gecombineerde cirkels die in hun eenvoud een wereld kunnen verhelderen. Het tekenen van twee cirkels en het spelen met pijltjes binnen deze figuur brachten coachees vaak een aha-erlebnis. Zo simpel, zo begrijpelijk... En proactief begonnen ze ook nog het boek te lezen! Een oefening die zo'n indruk maakt... Jaren geleden is dat voor mij de stimulans geweest om met deze en soortgelijke tools te gaan werken.

INLEIDING

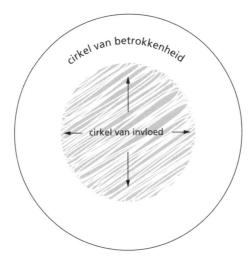

Figuur 1   Cirkel van invloed en cirkel van betrokkenheid (naar Covey)

Een deel van de wereld om ons heen is te beïnvloeden, zegt Covey, als je je cirkel van invloed gericht kunt uitbreiden. Vooral het inzetten van positieve energie beïnvloedt zaken waar je echt iets aan kunt doen. Richt je energie niet op wat je niet veranderen kunt, is de stelling van de goeroe van het effectieve leiderschap. Soms zijn tools van deze simpelheid, vaak net iets ingewikkelder, maar toch steeds gericht op het optimaal ondersteunen van de zoektocht van de coachee.

Ik hoop dat dit boek coaches mogelijkheden biedt om te experimenteren en vooral ook te vertrouwen op eigen improvisatievermogen, creativiteit en gezond verstand.
Ik wil met name mijn cursisten (inmiddels collega's) bedanken die met mij jaarlijks de 'Dag van de Tools' vierden, want het was steeds een feest van herkenning, creativiteit en durf! Die inspiratie is wezenlijk geweest voor de ontwikkeling van dit boek.
En natuurlijk, als altijd, bedank ik mijn vrouw Beatrijs van den Bos voor de fantasierijke omslag en de verhelderende illustraties in dit boek.

Jeroen Hendriksen
Arnhem, voorjaar 2007

1 De coach in gesprek

In dit hoofdstuk bespreek ik de essentie van coaching zoals ik die in een tweegesprek ervaar. Ik doe dat allereerst aan de hand van gespreksfragmenten en reacties daarop. Uit deze fragmenten komt mijn visie op coaching bovendrijven en deze is van belang voor de uitwerking van de tools in hoofdstuk 2 en het reflecteren in hoofdstuk 3.
Vervolgens werk ik uit aan welke competenties de coach naar mijn mening moet voldoen om een coachingsgesprek te kunnen voeren. De coach probeert zijn coachee in beweging te krijgen en hem daarbij te ondersteunen op weg naar concrete resultaten. Dat laatste vindt plaats door het inzetten van tools en door met behulp van de bekende piramide van Bateson en Dilts een soort taxonomie te ontwikkelen voor het gebruik van deze tools. De verschillende ontwikkelingsniveaus die zij onderscheiden, gebruik ik om een handzame indeling te maken voor de onderling sterk uiteenlopende tools.
Tot slot geef ik het belang aan van reflectie voor coach en coachee. Binnen de reflectie van de coach spelen ook nog dilemma's rond ethische vragen over gelijkwaardigheid, respect, integriteit en verantwoordelijkheid.
Met dit alles geef ik in dit hoofdstuk een beeld van de coach in gesprek. Die coach kan een 'personal coach' zijn, maar evenzeer een 'manager als coach'. Voor de lezer en gebruiker van dit boek is steeds de opgave de teksten en tools naar de eigen werksituatie te vertalen.

1.1 Doelgericht en resultaatgericht

Mijn vriend Harry is coach. Hij noemt zich personal coach om aan te geven dat zijn werkzaamheden liggen op het vlak van 'persoonlijk' coachen in het tweegesprek. Als oud-manager weet hij als geen ander dat zijn coachees altijd onderdeel uitmaken van een organisatie en dat de organisatie altijd 'meepraat'. Soms ontkomt hij er niet aan om meer activiteiten in een organisatie te ontwikkelen door ook anderen (de leidinggevende bijvoorbeeld) te coachen of een team te ondersteunen bij de ontwikkeling van zelfsturing en teamvorming.

Bij trainingen van teams of van groepen managers houdt Harry ervan om zonder veel plichtplegingen met een gesprek te beginnen en de deelnemers te vragen open en onbevangen te observeren. Ik heb zo'n gesprek hierna als voorbeeldgesprek uitgewerkt omdat het de stappen in een coachingsgesprek illustreert.

STAP 1 DE COACHINGSVRAAG[2]

C: *Annelies, wat is je vraag?*

Cee: *Ik coach een team adviseurs van scholen met moeilijk opvoedbare kinderen. Ik ben mijn plaats in dat team een beetje kwijt, of beter gezegd, ik heb mijn plaats eigenlijk nooit goed geweten, van het begin af aan niet. Ik ben nu twee jaar teamcoach, maar zoek ontzettend naar mijn bevoegdheden. Wat mag ik, wat mag ik niet? Wat zijn de verwachtingen die de teamleden van me hebben? Wat verwacht het management? Ik merk dat ik me steeds meer buiten het team voel staan, ook omdat onze manager zelf een groot deel van de tijd bij de vergaderingen zit. Het team heeft een eigen voorzitter die de vergaderingen leidt en deze taak na een jaar overdraagt aan een collega.*

C: *Je vertelt me heel veel, veel feiten en veel gevoelens. Ik krijg er een gecompliceerd beeld bij, maar dat kunnen we straks ontwarren. Stel nou dat we een serie van zes gesprekken zouden houden, kun je me dan vertellen waar je na die zes gesprekken wilt staan? Wat is er dan voor jou veranderd?*

Cee: *Ik heb dan weer plezier in mijn werk, hoop ik. Nu zie ik allemaal beren op mijn weg, ik voel me steeds onzekerder worden. Ik wil in mijn kracht terugkomen en gewoon lekker werken, me geaccepteerd voelen.*

C: *Ik vind dat je dat duidelijk formuleert, een heldere doelstelling! Mijn compliment daarvoor. En je zegt het ook met kracht, dat geeft me moed.*

Ik wil nu eerst graag van je weten welk doel je op het eind van dit gesprek bereikt wilt hebben.

---

2 In de teksten staat C voor coach en Cee voor coachee.

Cee: Goh... ik ben al blij als ik zelf door de bomen het bos weer zie. Maar als ik een doel mag formuleren, is het wel dit: het gevoel krijgen dat ik een stap kan zetten in de goede richting.
C: Ik begrijp dat het niet alleen een rationele vraag is, in de sfeer van hoe zit de organisatie in elkaar, maar zeker ook een gevoelskwestie, je wilt erbij horen en je wilt in beweging komen, al was het maar met een klein stapje. Klopt dat?
Cee: Dat klopt. Ik wil niet meer zwemmen, ik wil een bijdrage kunnen leveren en ik denk dat ik dat kan, maar er zit van alles tussen.
C: Oké, we gaan jouw vraag bespreken. Wil je ze nog een keer zelf in één zin formuleren?
Cee: Ik wil weer deel uitmaken van het team, ja dat is het.

Op dit punt aangekomen vraagt Harry aan de deelnemers hun observaties te delen. Hij krijgt de volgende opmerkingen:
▷ Je werkt naar een heldere, kort omschreven vraagstelling toe.
▷ De vraag is gerelateerd aan de werksituatie.
▷ Je laat de coachee de vraag formuleren.
▷ Je checkt of de vraag klopt.
▷ Je geeft positieve feedback, bijvoorbeeld op het begrip 'kracht'.
▷ Je ontdekt twee aspecten aan de vraag: een op inhoudsniveau (feiten) en een op betrekkingsniveau (voelen).
▷ Je laat de coachee naar de toekomst kijken en je laat haar ook het resultaat formuleren.

De coach heeft de werkvraag duidelijk. En ondertussen heeft hij ook informatie ingewonnen, feedback gegeven, zijn eigen zicht op de zaak gecheckt en het vizier op de toekomst gericht.
Dit alles is heel kenmerkend voor wat we vandaag de dag onder coaching verstaan. De personal coach ondersteunt de coachee bij het formuleren en onderzoeken van zijn eigen vraagstelling en doelen.
Een tweede stap in het gesprek is het onderzoek van de vraag. Wat speelt er eigenlijk allemaal mee bij de vraagstelling, bij de vraagsteller zelf, in zijn team en organisatie? Harry noemt dit onderzoek stap 2. Hij vervolgt het gesprek en vraagt opnieuw aan de deelnemers te observeren.

STAP 2 HET ONDERZOEK

C: *Wat me in je eerste antwoord opviel, was dat je zei dat je je plaats eigenlijk nooit geweten hebt... Hoe is dat gegroeid?*

Cee: *Onze instelling is drie jaar geleden gereorganiseerd. Ik werd teamcoach omdat diegene die ervoor in aanmerking kwam een nieuwe baan kreeg buiten onze instelling. Ik heb een andere beroepsmatige achtergrond dan de leden van het team, maar dat leek geen probleem. Mijn voorganger was erg deskundig en dat vond ik wel een probleem. Hoe zou ik het even goed kunnen doen? Vrij kort na de reorganisatie ben ik bij het schilderen van ons huis door mijn rug gegaan en moest ik een maand plat. Daarna werd ik geopereerd en moest ik revalideren, ik was er bijna een jaar uit. Toen ik weer terugkwam, stapte ik in een rijdende trein en ben ik vol enthousiasme gaan meedoen.*

C: *Dat moet een moeilijk jaar zijn geweest...*

Cee: *Jawel, maar ik was zo blij dat ik weer kon werken... Ik wilde aan de slag!*

C: *Hoe is dat gegaan?*

Cee: *Het ging eigenlijk wel. Er moest veel ingehaald worden dat bij de reorganisatie was blijven liggen, daar heb ik me op gestort.*

C: *En het resultaat?*

Cee: *Iedereen was er blij mee, ik werd ervoor bedankt. Maar toen viel ik in een soort gat. Wat waren mijn taken nou eigenlijk, wat verwachtte iedereen van me?*

C: *Hoe keek je leidinggevende ertegen aan?*

Cee: *Ja, daar zeg je zoiets... Keek die wel? Ik heb het er wel eens over gehad. Dat komt allemaal wel, zei hij dan. Neem je tijd, doe niet alles tegelijk.*

C: *Hoe heb je die reactie ervaren?*

Cee: *Ik weet nog dat ik thuiskwam en tegen mijn man zei: 'Ze weten het zelf gewoon niet! Waar maak ik me toch druk over?' Maar ik voelde me eigenlijk niet serieus genomen. Ik wilde houvast, duidelijke uitspraken, taken, noem maar op. En steun, ik voelde van hem geen steun, eerder een soort van overbescherming.*

C: *Heb je dat tegen hem gezegd?*

Cee: *Nee...*

C: *Even samenvatten. Je bent na de reorganisatie een klein jaar ziek thuis geweest en toen je terugkwam heb je het teamcoachen opnieuw opgepakt. Je bent hard aan het werk gegaan met concrete taken die met het inhalen van de achterstand te maken hadden. Iedereen was je daar dankbaar voor. En toen viel je in een gat...*

Cee: Ja, precies. Ik denk wel eens: maakt het nu werkelijk verschil dat ik teamcoach ben, of gaat alles toch wel zijn gangetje?
C: Oké. Aan het begin van het gesprek heb je als je vraag geformuleerd: 'Ik wil weer deel uitmaken van het team.' Is dat nog steeds je vraag? Of is je vraag anders komen te liggen?
Cee: Ik denk dat er twee nieuwe elementen naar voren schuiven. Ik wil een duidelijke taakstelling en ik ben het gesprek daarover uit de weg gegaan. Dat is een veel concretere opbrengst, want weer bij dat team horen gaat niet vanzelf natuurlijk.
C: Dus?
Cee: Is mijn vraag nu: ik wil samen met mijn leidinggevende een duidelijke taakstelling formuleren.

Harry kijkt de groep deelnemers aan en vraagt om de observaties te noteren en voor te lezen aan de groep:
▷ Je vraagt door op moeilijke kwesties.
▷ Je stelt vooral open vragen.
▷ Je gaat in op haar gevoelsbeleving.
▷ Je maakt een samenvatting.
▷ Je checkt opnieuw de vraagstelling; er is sprake van veel meer bewustzijn ten aanzien van de aanvankelijke vraag.
▷ Je confronteert de coachee met haar eigen gedrag in het verleden (het niet aanspreken van de leiding).
▷ Je analyseert het verleden beperkt, maar richt je meer op het hier en nu en op de toekomst.
▷ Er ligt nu een concreet geformuleerde werkvraag.

Zo'n onderzoek is vaak een ontdekkingsreis. De kracht van de coach zit in zijn luisteren, doorvragen en interveniëren (bijvoorbeeld confronteren) als het gesprek erom vraagt. Een simpele vraag naar de relatie tussen de teamcoach en haar leidinggevende leidt tot de bewustwording bij de coachee dat ze daar een mogelijkheid heeft laten liggen. Het formuleren van het gat in de werkzaamheden bracht de coachee zelf op de gedachte dat een taakstelling zou kunnen helpen. De coachee wordt op weg geholpen om met behulp van nieuwe inzichten een krachtiger formulering van de vraagstelling te maken en naar oplossingen te zoeken. Dat is leren!
Maar eerst is het de vraag welke opties er mogelijk zijn om de coachingsvraag van een oplossing te voorzien. Harry is weer aan het woord.

STAP 3 OPTIES
C: Wat zijn je mogelijkheden om samen met je manager een taakstelling te formuleren?
Cee: Dat is simpel, ik maak een afspraak met hem.
C: Wat kun je nog meer doen?
Cee: Ik kan me voorbereiden, ik kan voor mezelf een aantal belangrijke aspecten van mijn werk op een rijtje zetten en uitwerken.
C: En?
Cee: Nou, ik zou er ook eens met mijn collega's over kunnen praten. Waar lopen zij tegenaan? Of hebben ze helemaal geen probleem? Ik kan in ieder geval een reactie vragen... en steun.
C: Waar bestaat die steun dan uit?
Cee: Stel dat we over mijn taakstelling gaan vergaderen, dan hoop ik op hun begrip. En op aanvullingen en ideeën zodat er een goede gezamenlijke taakomschrijving ontstaat.
C: Jullie vergaderen ook met collega-coaches?
Cee: Ja, de ene keer met de leidinggevende erbij en de andere keer zonder. Dat is natuurlijk een mooi platform voor gesprek.
C: Nog andere mogelijkheden?
Cee: Tja, ik zou mijn vraag ook met mijn team kunnen bespreken, maar ik merk dat ik daar erg huiverig voor ben... En verder, nee, dit zijn de mogelijkheden.
C: Samenvattend: je kunt een afspraak maken met je manager, je kunt een voorzet schrijven over je taakstelling, die taakstelling met collega's bespreken en je taakstelling met je team bespreken. Correct?
Cee: Ja.
C: Welke optie trekt je het meest aan?
Cee: Ik denk dat ik eerst met mijn collega's aan de praat ga. Dan krijg ik meer zicht op de problematiek in zijn geheel en kan ik me ook gesteund voelen. Daarna naar mijn manager of bespreken in de coachvergadering met de manager erbij.
C: Ik 'denk' of ik 'wil'?
Cee: Ja, zo wil ik het. Ik breng mijn vragen in het coachoverleg. En dan kan ik met hen bespreken wat de volgende stap wordt. Over veertien dagen hebben we zo'n bespreking.

De deelnemers reageren na deze stap als volgt:
▷ Een aantal opties op een rij zetten, daar heb ik zelf nog nooit aan gedacht. Ik ga altijd meteen voor die ene oplossing.

▷ Het zijn ten dele ook verrassende opties, met nieuwe informatie.
▷ Het is goed dat Annelies zelf een weloverwogen keuze maakt.
▷ Ze neemt met 'ik doe het' ook echt verantwoordelijkheid voor deze optie.

Opties helpen een bewuste keuze te maken op basis van het gegroeide inzicht en de geherformuleerde vraag. De afweging van voors en tegens bij een bepaalde keuze gaat in het voorbeeld van Harry snel, maar kan ook een hele zoektocht zijn. Essentieel bij coaching is steeds dat de coachee voor zijn eigen keus gaat staan, zelf de volle verantwoordelijkheid neemt voor de gekozen richting. Pas dan kan een actieplan geformuleerd worden.

STAP 4 ACTIEPLAN
C: *Maak eens een concreet actieplan.*
Cee: *Morgen zet ik dit punt op onze agenda. Deze week zet ik als geheugensteuntje een aantal aspecten van die taakstelling op papier, maar ik weet nog niet of ik dat op tafel leg in die vergadering.*
C: *Gaat dat je lukken?*
Cee: *Dat weet ik zeker, dit voelt goed, het geeft me ook energie om een stap te zetten en in beweging te komen, bedankt.*
C: *Wat kan ik eventueel nog voor je doen?*
Cee: *Ik vind het heel plezierig wanneer je mijn notitie door wilt kijken en commentaar wilt leveren op de tekst.*
C: *Afgesproken, we bespreken binnenkort jouw aantekeningen, dan is dat net op tijd voor de vergadering. Het geeft mij een heel plezierig gevoel dat we zo'n lastige kwestie in concrete stappen hebben weten te vertalen en dat je er zo positief voor kiest. Stuur je ze twee dagen van tevoren?*

De deelnemers merken het volgende op:
▷ Harry verankert de afspraak.
▷ Dit ziet er realistisch uit: het moet lukken, denk ik.
▷ Annelies krijgt opnieuw positieve feedback.

Geen coachingsgesprek zonder resultaat, geen afronding zonder concrete stappen. Noem het maar huiswerk. Coachees met een werkgerelateerde vraagstelling kunnen er ook niet te lang mee wachten vooraleer zij werkelijk in beweging komen, anders wordt het probleem vaak snel groter en moeilijker op te lossen. Gelukkig kunnen coachees vaak zelf goed omschrijven wat ze als huiswerk willen aanpakken, maar zelf de verantwoordelijkheid nemen gaat niet altijd even makkelijk. Het kan daarom goed zijn dat de coach aanvankelijk zelf enige suggesties doet voor het huiswerk, waaruit de coachee in vrijheid kan kiezen.

Het is evident dat werkgerelateerde coaching in eerste instantie gericht is op concrete resultaten, het gaat om knelpunten op het werk die iedere dag spelen en die om een oplossing vragen. Natuurlijk houdt dat niet in dat er niet over bijvoorbeeld blokkerende patronen uit het verleden gesproken kan worden of over emotionele gevoelens die aan de vraag verbonden zijn, maar ook dan uit de professionaliteit van de coach zich door de vraag te stellen: wat ga je ermee doen? Verdieping staat ten dienste van verbetering.

STAP 5 EVALUATIE
Tot slot kijken Harry en Annelies in dit gesprekje van een kwartier kort terug op het gesprek. 'Verrassend', zegt ze, 'dat we in zo'n korte tijd zo'n resultaat kunnen neerzetten. En ook mooi hoe de toeschouwers in staat bleken te zijn feedback te geven op de genomen stappen in het proces. Dat gaf mij ook het beeld van gestructureerd en zorgvuldig werken. Dat geeft vertrouwen, dat is professioneel. Je hebt vooral mijn bewustwording versterkt, denk ik, en het uitwerken van mijn actieplan betekent dat ik alles niet vrijblijvend vertel. Ik neem echt de verantwoordelijkheid om in beweging te komen.'
Harry geeft aan dat hij met zijn processtappen heeft willen sturen op een concreet resultaat zonder de ruimte voor zijn coachee in te perken of zelf in de adviseursrol te stappen.

Samengevat bestaat het coachingsgesprek uit de volgende stappen, waarbij steeds vanuit bewustwording (inzicht) toegewerkt wordt naar het nemen van verantwoordelijkheid voor eigen beslissingen en acties:
1 Verkenning van de coachingsvraag en het gewenste resultaat.
2 Onderzoek naar de achtergronden van de vraag, uitmondend in een hernieuwde formulering van de vraag (en dat is vaak een herformulering op basis van bewustwording en inzichten in de situatie).

3 Uitwerken van opties en het maken van een keuze.
4 Verantwoordelijkheid nemen voor de keuze door een actieplan uit te werken.
5 Afronding en evaluatie van het gesprek.

Voorgaand stappenplan is in figuur 2 in schema gezet.

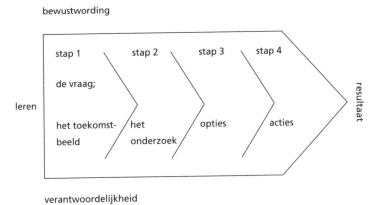

Figuur 2 Het coachingsproces gevisualiseerd (naar Whitmore)

Het gaat dus bij coaching om:
1 formuleren van de juiste coachingsvraag
2 vergroten van bewustwording, inzichten
3 nemen van verantwoordelijkheid voor keuzes
4 bereiken van concrete resultaten.

1.2 Competenties van de coach

Gesprekken zoals in paragraaf 1.1 vragen om een specifieke kundigheid. Een kundigheid die vaak samengevat wordt met de term *personal coaching*.
Coaches in Nederland (en waar ook ter wereld) hebben veelal geen specifieke coachopleiding gevolgd, maar baseren hun kundigheden op hun initiële beroepsopleiding, bijscholingen en ervaringen in een breed werkveld. Van zo'n coach kun je verwach-

ten dat hij de juiste vragen stelt tegen de achtergrond van een veelvormige context.

Een personal coach voldoet idealiter aan de volgende competenties, die ik ontleend heb aan het boek *Begeleidingskunde* van Coenen en Meijers (2003) en die op hun beurt sterk verwant zijn aan de internationaal geldende competenties van de ICF (International Coach Federation).

Coenen en Meijers noemen in hun boek vijf *procesfactoren* die voor het denken en handelen van de begeleidingskundige (bijvoorbeeld de personal coach is een begeleidingskundige) bepalend zijn. Deze zogenoemde procesfactoren spreken mij aan omdat zij de kern van het coachend begeleiden omvatten. Anders dan Coenen en Meijers benoem ik hun procesfactoren als *kerncompetenties* omdat zij de wezenlijke eigenschappen van de personal coach omvatten. Dat zijn eigenschappen die observeerbaar en meetbaar zijn en bijdragen tot betere prestaties, aldus de definitie van een competentie (Van Beirendonck, 2004). Achtereenvolgens bespreek ik deze vijf competenties (zie ook figuur 3).

1 AFSTAND EN BETROKKENHEID

De coach hanteert afstand als middel om de vraagstelling met nuchterheid, overzicht en objectiviteit tegemoet te treden. Dit vraagt zeker niet alleen om een afstandelijke houding, integendeel: het is eigen aan de coach verbinding te zoeken met de coachee en zijn betrokkenheid op de vraag te laten blijken, omdat een groeiend vertrouwen helpt om de vraagstelling te exploreren. Afstand helpt echter om het overzicht te houden, verbindingen te leggen en witte plekken in het verhaal te benoemen. De coach is er wanneer dat gewenst is en neemt afstand wanneer dat noodzakelijk is voor het onderzoeksproces. Wanneer de verbinding tussen coach en coachee optimaal is, kunnen beiden in gelijkwaardigheid elkaar in elkaars kundigheden erkennen. Beiden zijn authentiek en autonoom.

2 CO-CREATIE

In de 'flow' van het gesprek ontwikkelen coach en coachee samen een intensief contact gericht op onderzoek, ontwikkeling en resultaat. Samen creëren zij de route naar dat resultaat, waarbij de coach stuurt en ondersteunt en de coachee in vrijheid eigen keuzes en stappen bepaalt. De coach bevordert het leren van zijn coachee. Tot deze competentie behoort ook het vermogen om waar nodig tools in te zetten om het onderzoek te bevorderen en nieuwe inzichten te genereren (leren leren).

3 ONAFHANKELIJKE OPSTELLING

Een coach is in staat vanuit een brede oriëntatie naar de vraag en de coachee te kijken, zonder tegelijkertijd andere doeleinden (bijvoorbeeld van de opdrachtgever) na te streven. Deze onafhankelijkheid kan getoetst worden via reflectie/zelfonderzoek en gesprekken met beroepsgenoten (intervisie), ook om te voorkomen dat de coach te veel zijn eigen doelen nastreeft. Onafhankelijkheid dient niet te worden verward met neutraliteit, want de coach is ook empathisch en dichtbij, betrokken en verbinding zoekend. De coachingsvraag is echter nooit de vraag van de coach!

4 PROFESSIONALITEIT

Professionaliteit behelst het gebied van het ontwikkelen van een coachingstraject van intake tot en met het afscheid. Behalve formele momenten gedurende het traject (opstellen van een contract, tussenevaluatie, reflectieverslagen, resultaatbepalingen, rekeningen enzovoort) behelst professioneel werken ook het vormen van een beeld over de bedoelingen en mogelijkheden van coaching en het ontwikkelen van een vertrouwensrelatie met de coachee. Communicatievaardigheden (doorvragen, interveniëren) zijn essentieel voor de professional, evenals de kunst van het reflecteren.
De coach ontwikkelt zich in professioneel opzicht door cursussen te volgen, aan een intervisiegroep deel te nemen en zelf met enige regelmaat in coaching te gaan.

5 CONTEXTUALITEIT

De contextualiteit waarbinnen de coach werkt – het individu, zijn team, zijn organisatie en de maatschappelijke werkelijkheid om hem heen – blijft steeds een rol spelen bij het onderzoek van de coachingsvraag. Met andere woorden: de coach verhindert hierdoor een te grote identificatie met de coachee en diens probleem, waardoor tunneldenken of slachtofferdenken voorkomen wordt en de resultaatgerichtheid van het coachen niet alleen op de persoon zelf betrokken wordt, maar ook op zijn team of organisatie.

Figuur 3 Kerncompetenties van de coach

1.3 Coachen is leren

Een mooie omschrijving van de doelstelling van coachen vind ik: 'De ander uitnodigen om in beweging te komen.' Soms is praten niet voldoende, heb ik gemerkt. Soms is het uitnodigen tot een wandeling, het aangaan van een stoeipartij, het omwisselen van stoelen, een meditatief intermezzo of een visualisatie de noodzakelijke interventie om een ander de kans te geven te ervaren wat verandering betekent. De tools zoals in dit boek beschreven geven die kans. Ze tonen andere invalshoeken om tot bewustwording en verzameling van materiaal te komen. Ze genereren inzichten die bij doorleving sterker uitnodigen het nieuwe gedrag te praktiseren omdat er al meer ervaring is opgebouwd. En omdat coachees werkgerelateerde vragen stellen, is er ze veel aan gelegen stappen te zetten naar gedragsverandering, patronen te doorbreken, confrontaties aan te durven, keuzes te maken, resultaten neer te zetten enzovoort.

De personal coach houdt zich bezig met leren leren en leerprocessen en ontkomt dientengevolge ook niet aan het toetsen van resultaten en het bespreken van vorderingen.

Wanneer een coachee in staat is te reflecteren op zijn concrete werkvraag en die vraag in een ruimer kader van theorie en conceptualisaties kan zien, is er ruimte om nieuw gedrag te oefenen in een experimentele situatie. Dat is het doorlopen van de leercyclus volgens Kolb (zie figuur 4) (ik heb die cyclus eerder beschreven in *Cirkelen rond Kolb*, 2006). Reflectie is in deze leercyclus het belangrijkste hulpmiddel om het leren te versnellen en te verdiepen (zie hoofdstuk 3 van *Cirkelen rond Kolb*, waarin een nadere uitwerking van deze leercyclus, gericht op het reflecteren, te vinden is).

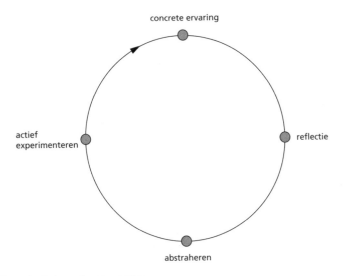

Figuur 4 De leercyclus bij coaching

1.3.1 Leerniveaus bij coaching

Een manager komt met de ogenschijnlijk simpele vraag: 'Help me! De chaos in mijn agenda is zo groot dat ik er alleen niet meer uit kom! Ik moet dubbele afspraken afzeggen, kom afspraken niet na, ben vaak te laat en mijn secretaresse weet het ook niet meer... Vrijdags constateer ik dat ik het weekend moet doorwerken.' (Herken je deze manager?)

De hierna beschreven niveaus zijn aan Bateson ontleend, later zijn ze uitgewerkt door Dilts en onderdeel geworden van de NLP-theorie, zie ook Van den Dungen en Koldijk (2006). Ze helpen om de leerniveaus te onderscheiden waarop de coach zijn aandacht richt en die hij hanteert om daarmee zijn coachee het rijke spectrum van leren en veranderen te tonen.

In paragraaf 1.4 helpen de leerniveaus ook om een onderscheid te maken in de dieptewerking van de in dit boek uitgewerkte tools. Het onderscheiden van leerniveaus helpt om de juiste tool te koppelen aan de leerbehoefte van dat moment.

LEERNIVEAU 1: OMGEVING

Omgevingsfactoren belemmeren onze manager zijn agenda te structureren. Druk, druk. Bijvoorbeeld omdat zijn baas veeleisend is, de manager zelf carrière wil maken, de productie terugloopt, klanten ontevreden zijn, te veel medewerkers ziek zijn enzovoort. De omgeving kan veel druk op iemand leggen, maar kan andersom ook helpen oplossingen te zoeken (vertrouw je secretaresse het beheer over je agenda toe).
Vragen: *Waar? Wanneer? Met wie? Wat heb ik nodig om dit te veranderen?*

LEERNIVEAU 2: GEDRAG

De omgeving beïnvloedt het gedrag van de mensen om je heen (privé en op het werk). In hoeverre houd ik zelf mijn eigen gedrag in stand? Wat is de winst hiervan? Het verlies? Heeft onze manager wel oog voor de activiteiten, het gedrag van de ander en hoe dat hem beïnvloedt? Of draaft hij maar door, druk, druk?
Vragen: *Wat doe ik? Wat is mijn gedrag?*

LEERNIVEAU 3: VERMOGENS

Welke vaardigheden of capaciteiten heeft onze manager om zijn omgeving en zijn eigen gedrag te beïnvloeden? Alleen maar inzicht hebben in de problemen van niveau 1 en 2 helpt niet om echt te veranderen. Hij heeft daar vaardigheden voor nodig. We noemen dat ook wel mentale strategische vermogens. Waar ben ik goed in? Hoe kan ik gedragsverandering inpassen in de nieuwe situatie?
Vraag: *Hoe pak ik verandering aan?*

LEERNIVEAU 4: OVERTUIGINGEN
Welke waarden vindt onze manager belangrijk, waar gelooft hij in? Zorgvuldigheid misschien bij het invullen van zijn agenda? Vertrouwen in de capaciteiten van zijn secretaresse? En rust en ontspanning, tijd voor privé? De vraag is in hoeverre deze waarden dwars staan op zijn overtuiging de top te moeten halen, uit te blinken in zijn werk, grote resultaten te kunnen neerzetten. Wat zijn in de kern de overtuigingen van onze manager en wil hij ze echt navolgen?
Vragen: *Waartoe? Waarom? Wat wil ik echt?*

LEERNIVEAU 5: IDENTITEIT
Een identiteit formuleren is lastiger dan een overtuiging woorden te geven omdat ze abstracter van aard is. Een identiteit speelt zich af in het hart: ze verbindt de ratio met het gevoel en de emotie. De identiteit is het visitekaartje van de manager: dit ben ik. Dit is mijn blote kern. Dit ben ik echt. En dit zou ik willen zijn: in harmonie met mezelf en mijn omgeving (en mijn gedrag, vermogens en overtuigingen).
Vragen: *Wie ben ik? Wie wil ik worden?*

LEERNIVEAU 6: SPIRITUALITEIT/ZINGEVING
Spiritualiteit is veelomvattender dan identiteit. Bij spiritualiteit gaat het om deze identiteit én haar rol in deze wereld. Van welk groter geheel maak je deel uit? Wat zijn je streefdoelen? Wat wil je nalaten? Wat maakt het leven waardevol voor onze manager, wat is de zin ervan en wat wil hij bijdragen?
Vragen: *Wat geeft mij richting? Waar wil ik naartoe?*

Onze manager is heel werkgerelateerd te coachen op zijn agendaprobleem. Er komen vragen aan de orde als: Hoe beïnvloedt de omgeving je? Welk gedrag vertonen de mensen om je heen? Welk gedrag wordt er van jou gevraagd? Dan werkt de coach op het eerste en tweede leerniveau, het leren is gericht op *verbetering*.
Het wordt moeilijker als de vragen op tafel komen: Hoe pak ik mijn agendaproblemen aan? Hoe krijg ik werkelijk resultaat? Welk plan helpt mij? Dit derde niveau van leren en inzicht kan geblokkeerd worden door iemands overtuigingen. Wanneer het de overtuiging is van onze manager dat een zorgvuldig agendabeheer uiteindelijk zijn carrière frustreert, maakt hij deze stap niet. Het onder ogen zien van blokkerende of stimulerende (helpende)

overtuigingen is een belangrijk onderdeel van het werk van de coach om tot positieve resultaten te komen. Het derde en het vierde leerniveau zijn gericht op *ontwikkeling*.

Zicht krijgen op het niveau van identiteit en spiritualiteit is niet per se noodzakelijk voor het bereiken van de coachingsdoelen (beter beheer van de agenda). Echter, wanneer de coachee inzicht ontwikkelt in zichzelf, zijn diepste verlangens en zijn reden tot bestaan, dan wordt een zodanige verbinding gemaakt tussen de coachee en zijn leervraag dat er sprake kan zijn van persoonlijke groei. De coach kan de coachee stimuleren hieraan aandacht te besteden, eventueel buiten coachingsverband (in een persoonlijke groeitraining bijvoorbeeld). Dit vijfde en zesde niveau richt zich op *transformatie* van het geleerde.

Figuur 5   Piramide van Bateson en Dilts

1.4 De tools

De tools in dit boek zijn ontwikkeld op basis van mijn ervaringen met cursisten in de opleiding Professional Personal Coach en vele daaraan verwante trainingen en coachingsgesprekken. Cursisten presenteren hun eigen tool op de Dag van de Tools. De tools bedoelen niet een brede theorie te presenteren of een nieuw systeem uit te werken, maar zijn beperkte vormgevingen van het onderzoeksproces tijdens een coachingsgesprek. Handige gebruiksvoorwerpen als het ware, waarmee op een gerichte en ondersteunende wijze nieuwe inzichten gegenereerd kunnen worden bij de coachee. Soms zijn de tools direct inzetbaar zonder uitgebreide voorbereiding, soms vragen ze om enige voorbereiding en oefening al naargelang de kennis en ervaring van de coach.

En natuurlijk kan de coach variëren en uitbreiden. Het is, kortom, een gereedschapskist voor eigen gebruik. Ook coaches die opgeleid zijn in een bepaalde richting, zoals Themagecentreerde Interactie, Rationeel Emotieve Therapie, NLP, Counseling enzovoort, kunnen deze tools desgewenst inbouwen in hun werkwijze.

Let wel: het gaat mij niet om het presenteren van een leuke oefening of iets dergelijks, maar om het samen onderzoeken van de vraag van de coachee. Een tool uit dit boek kan daarbij een ondersteuning zijn, maar het is geen moeten om de oefening.

De in dit boek gepresenteerde tools hebben een relatie met de leerniveaus volgens Bateson en Dilts (zie figuur 5 en tabel 1).

Tabel 1 Leerniveaus volgens Bateson en Dilts

Voorbereidende tools *(inspelend op de ontwikkeling van de verschillende leerniveaus)*	1 Gronden 2 Autogene training 3 Ontspannen concentratie 4 Geleide fantasie
Leerniveau 1: Omgeving **Leerniveau 2: Gedrag** *(gericht op verbetering)*	5 Wondervraag 6 Kaizen 7 Competentieontwikkeling 8 Werkstijlen 9 Tijdmanagementmatrix 10 Inferentieladder
Leerniveau 3: Vermogens **Leerniveau 4: Overtuigingen** *(gericht op ontwikkeling)*	11 Atlas van de belevingswereld 12 Blokkerende overtuigingen 13 Geweldloze communicatie 14 Innerlijk team 15 Mindmapping 16 Resultatenketen
Leerniveau 5: Identiteit **Leerniveau 6: Spiritualiteit/ zingeving** *(gericht op transformatie)*	17 Levensloopverhaal 18 Twee stoelen 19 Visualiseren 20 Wandelen 21 Focussen 22 Mediteren
Tools gericht op reflectie	▷ Richtvragen voor het reflectieverslag ▷ Reflectieverslag ▷ Voorbeeld van een reflectieverslag ▷ Reflectielogboek coachee ▷ Verbatim schrijven ▷ Notitieboekje van coachee en coach

1.5 Reflectie en ethiek

Reflectie is het sterkste instrument waarmee de coach zijn kwaliteit kan verbeteren. Bij reflectie gaat het om het onderzoeken van het eigen gedrag ten opzichte van de coachee. Wat heeft ervoor gezorgd dat ik resultaat heb geboekt? Wat heeft ervoor gezorgd dat ik ben gaan twijfelen of zelfs een duidelijke fout heb gemaakt? Het is een vorm van eerlijk in de spiegel kijken, met open ogen en een open gemoed. De coach die reflecteert is een meester in het zelfonderzoek, zelfkritiek en het zichzelf vragen stellen. Het reflecteren is, enigszins versimpeld, te zien als de toepassing van een reflectietool na afloop van het gesprek en daarom heb ik een apart hoofdstuk gewijd aan de functie en de kracht van reflectie voor de coach, met uiteraard een aantal uitgewerkte tools.

Wat is er toch met mijn coachee? Dat is een veelgehoorde vraag. Maar bij het reflecteren is het veeleer: Wat is er toch *met mij* waardoor mijn coachee dit gedrag vertoont? Wat doe ik (verkeerd)? Wat laat ik na? Hoe had ik het anders kunnen doen?
De gedragsverandering van de ander begint bij het zelfonderzoek met de vraag: hoe kan ik mijn coachee beter begrijpen, beter helpen, beter in beweging krijgen? Naarmate de coach meer zicht krijgt op zijn eigen gedrag (vragen stellen, luisteren, interveniëren enzovoort) kan hij zijn handelen verbeteren en gerichtere ondersteuning geven aan de coachee.
In de reflectie spelen ook vragen rondom de ethiek van het coachen. Ethische vragen laten ook de dilemma's zien waarvoor een coach zich gesteld ziet. Maar dat is nog geen reden om ze niet in de reflectie te betrekken!

1 In welke mate speelt *gelijkwaardigheid* in onze coachingsrelatie een rol, in die zin dat wij twee unieke mensen zijn met onze eigen mogelijkheden? De coach is deskundig op het gebied van begeleiden, de coachee is deskundig als het om zijn eigen vragen gaat (deskundig ten aanzien van het eigen lijden, aldus een term van Schreyögg, 2003).

2 In welke mate toon ik *respect* voor mijn coachee? Respecteer ik zijn opvattingen, meningen en ideeën? Zijn eigen wijze van ontwikkelen en problemen oplossen? Vraag ik ook respect voor mijn eigen wijze van professioneel begeleiden en ben ik daar optimaal duidelijk in?

3   Ben ik wel echt *integer*? Zeg ik wat ik denk, ben ik eerlijk en oprecht? En als ik iets (nog) niet zeg, betekent dat dan dat ik iets achterhoud? (*selectieve authenticiteit* is daarvoor de term van Cohn[3]). Blijf ik in dialoog ook als we het niet eens zijn? Ga ik vertrouwelijk om met mijn informatie over de coachee? Ook als diens baas er achteloos naar vraagt?
4   Voel ik mij *verantwoordelijk* voor het feit dat mijn positie mij macht geeft en dat ik grote invloed kan uitoefenen op de coachee? Ken ik mijn eigen grenzen als professioneel coach? Maak ik aantekeningen van de gesprekken? Reflecteer ik op het gebeurde? Gebruik ik de coachee niet voor mijn eigen doeleinden (bewondering, succes, vriendschap)?
5   Ontwikkel ik mijn *professionaliteit*? Houd ik mij op de hoogte van ontwikkelingen op mijn vakgebied, ga ik naar cursussen, lees ik dat nieuwe boek, ben ik lid van een collegiale intervisiegroep? Ben ik naar mijn coachee open over zaken die mijn deskundigheid betreffen?

VOORBEELD

Een collega-coach legde mij eens de volgende casus voor.

Ik coach een man die normaal gesproken over een half jaar ontslagen wordt. Dat weet hij. Hij moet veranderen, anders maakt hij geen kans. Dat weet hij ook. Maar hij wil niet. Hij is kwaad op de organisatie omdat zijn 25-jarige ervaring niet gehonoreerd wordt en hij nu gemakshalve – vindt hij – afgerekend wordt op zijn 'moeilijk gedrag'. Hij pikt namelijk niet alles van de directie, zegt hij. Ik weet wel beter. Ik heb nu vier gesprekken met hem gehad en hij is nog steeds een en al weerstand. De directeur die hem naar mij gestuurd had, belde me vorige week op. 'Het gaat niet goed, hè?', zei hij. 'Nee', zei ik, 'ik maak me echt zorgen, ik denk dat ik ga stoppen met coaching, hij wil niets.'
De afgelopen week vertelde ik dit aan mijn coachee. 'Ik ga ermee stoppen', zei ik, 'je stuurt er gewoon op aan om weggereorganiseerd te worden.' Tijdens dat uur werd hij coöperatiever, zowaar.
Verandert hij omdat hij van twee kanten onder druk gezet wordt? Verandert hij gedwongen? Moet ik nu wel doorgaan?

---

3   Cohn (1993) zegt hierover: 'Als ik iets alleen maar zeg of doe omdat ik móét, ontbreekt aan dit handelen mijn eigen geverifieerde toetsing en handel ik niet zelfstandig. (...) Als ik alles ongezeefd zeg let ik niet op de bereidheid en geschiktheid van mij en van de ander om vertrouwen te schenken en begrip te tonen. (...) Als ik selectief ben én authentiek, maak ik vertrouwen en begrip mogelijk.'

Behalve dat bij deze casus terecht gekeken kan worden of de randvoorwaarden kloppen (contract, duidelijke met de leidinggevende doorgesproken doelen), kan de casus ook vanuit ethische dilemma's bezien worden. In welke mate spelen gelijkwaardigheid, respect, integriteit, verantwoordelijkheid en professionaliteit een rol, is dan de vraag. Concreet: is het wel integer en professioneel om – zonder overleg met de coachee – met de directeur te praten?

1.6 Het lege hoofd

Een mooie term vind ik dat. Voor mij betekent 'een leeg hoofd hebben' dat ik er zit zonder vooroordelen, zonder verwachtingen, zonder de ballast van een diagnose-instrumentarium, zonder afleiding, zonder bedoelingen. Maar met *ontspannen concentratie* (term van Gallwey, zie tool 3) voor de vraag van de coachee. Ik ben bij hem, ik ben er voor hem en ik luister.

2 De tools

2.1 Grondingsoefeningen

Voorbereidingsoefening

TOOL 1 GRONDEN: AANWEZIG ZIJN IN HET HIER EN NU

INDICATIES
- Gespannen, onwennige, onzekere en angstige coachees.
- Coachees die onvoldoende de overstap kunnen maken van de buitenwereld (de werksituatie) naar het hier en nu van de coachingssessie.
- Coachees met burn-outverschijnselen (depressie, midlifecrisis enzovoort).

DOELSTELLINGEN
- Bewustwording ten aanzien van fysiek en psychisch aanwezig zijn bij de coachingssessie.
- Wegnemen van storingen, blokkades, stress.
- Vanuit rust in contact komen met jezelf (en de ander); contact met je lijf maken, met de aarde; letterlijk grond onder je voeten krijgen.
- Ontspannen; energiehuishouding in balans brengen; op adem komen.
- Veiligheid en rust creëren voor de sessie; er zijn in het hier en nu; loslaten van overtollige ballast.

TOELICHTING
Gronden (of aarden) wordt binnen lichaamsgerichte oefenvormen (bijvoorbeeld bij haptonomie en bio-energetica) ingezet om de coachee bewust te maken van zijn 'aankomen en aanwezig zijn' in de ruimte. Vaak hebben mensen hun eigen rituelen om te gronden (krant lezen, 10 minuten te vroeg komen, koffie drinken, muziek). Maar coachees zijn zich vaak niet bewust van hun eigen gronding en het belang ervan bij de aanvang van een gesprek.

Gronding maakt coachees ervan bewust dat ze niet vanzelfsprekend zichzelf zijn in een coachingssessie. Het loslaten van overtollige ballast helpt mensen om bij zichzelf te komen en open te staan voor de vragen van de coach. Gronding helpt om energie vrij te maken om aan zichzelf te werken en stappen te zetten in het coachingsproces. Coachees die niet gegrond zijn, blijven in een disbalans met zichzelf en kunnen tijdens het totale gesprek onrustig zijn en een lager bewustzijnsniveau hebben.

Wanneer de overgang gemaakt kan worden van onrust naar rust, van hyperactiviteit naar stilte, van het uit-contact-zijn naar verbinding, is een goede startsituatie bereikt voor vervolgstappen in de coachingssessie.

Bij gronding wordt aandacht gegeven aan energetische activiteiten als:
▷ opladen en ontladen;
▷ ademhalen;
▷ bewegen en rust/stilte;
▷ in contact en uit contact zijn.

Kernpunten van gronding zijn: contact met de grond beleven, geworteld zijn, zwaartepunt beleven, rustig en aanwezig worden, warmte en veiligheid ervaren, er 'zijn', er staan (zie figuur A).

Voor alle duidelijkheid: gronden is niet hetzelfde als ontspannen. Gronden heeft een rustige ontspannende kant, maar ook een actieve kant (het opladen). De afwisseling maakt gevoelservaringen los en dat geeft bewustwording. Het opladen geeft na afronding ook weer ontspanning. Het is opmerkelijk hoeveel gevoelsimpressies, rust en gerichte activiteit mensen ontlenen aan enkele eenvoudige oefeningen.

DE TOOLS

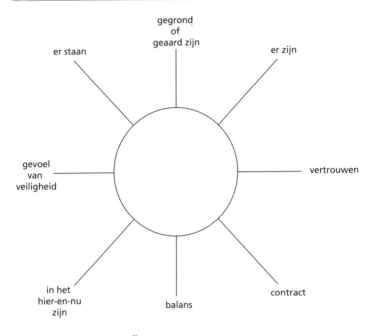

Figuur A Aspecten van gronding

Al werkend met deze kernpunten ontwikkelt de gronding zich. Bij het oefenen is het belangrijk aandacht te schenken aan:
▷   voeten
▷   ogen
▷   handen
▷   stem/ademhaling.

De oefeningen kunnen zittend, staand, liggend of lopend uitgevoerd worden. De coach kan zelf ook een hulpmiddel zijn om te gronden (aanwezigheid, stem, aanraken).

TOEPASSING

Oefeningen
Vooraf: wissel je ervaringen steeds uit. Vraag ook naar de beleving, het gevoel. Het gaat om bewustwording van het hier en nu in deze ruimte. De oefeningen kunnen naar keuze aangeboden

worden. De coach leidt zonder zelf te oordelen. De grondings-oefeningen zijn gericht op het zelf ervaren door de coachee. Neem 10-15 minuten voor de oefeningen.

Het is prettig de schoenen uit te trekken (warme vloerbedekking is dan wel noodzakelijk). De coach kan uiteraard meedoen met deze oefeningen.

AANDACHT VOOR DE VOETEN

Oefening 1
Sta op beide voeten. Breng je gewicht van de buitenkant van je voet naar de binnenkant. Doe dat een aantal keren. Je houding is losjes. Sta dan stil en let op je ademhaling. Doe de oefening nog een keer met je mond open. Doe dit ontspannen en let op je ademhaling. Wat is het verschil?
Beweeg dan je armen, kaken op elkaar en doe dit enkele keren. Wat is het verschil? Bespreek dit.

Oefening 2
Beweeg een tennisbal onder je rechtervoet. Wat voel je, wat gebeurt er?
Let op de reacties in de rest van je lichaam, je ademhaling. Hoe voelt je linkervoet nu? Bijvoorbeeld: koud, moe, stijf of niet in balans. Heb je behoefte ook met je linkervoet te oefenen met de bal? Doen! Hoe voelt dat nu? Bespreken.

Oefening 3
Benen in flinke spreidstand. Geeft dit een gevoel van gronding? Dan voeten dichter bij elkaar. Buik en billen ontspannen, adem rustig door. Ogen sluiten. Sta je nu beter? Voeten nu zo dicht mogelijk tegen elkaar plaatsen. Hoe is het om op zo'n smalle basis te staan? Zoek nu de voor jou goede stand, adem rustig door, met ogen dicht. Hoe voelt dat? Bespreken.

AANDACHT VOOR HET ZITTEN

Oefening 1
Ga zitten op het puntje van je stoel. Voeten plat op de grond. Neem waar wat je voelt. Voel je je voeten stáán? Mobiliseer ener-

gie door met je voeten op de grond te stampen. Wat gebeurt er? Bespreken.

Oefening 2
Op je billen naar achteren schuiven. Maak een rechte rug en leun niet tegen de leuning. Sluit je ogen. Beweeg nu je rug langzaam naar de rugleuning; zoek de rugleuning op. Houd je voeten goed aan de grond. Heel langzaam weer terug bewegen. Nog enkele keren in eigen tempo. Wat doet deze oefening met je? Zit je goed? Voelt dat gegrond? Bespreken.

Oefening 3
Onderzoek of je goed zit op deze stoel en wat je meest natuurlijke houding is. Als je niet lekker zit, beweeg je je benen snel op en neer om verbinding met grond en lichaam te behouden.
Bespreken.

AANDACHT VOOR DE OGEN

Oefening 1
Ga tegenover elkaar zitten. De ogen van de coachee verdwijnen in die van de coach.
Je geeft jezelf als het ware weg, je vergroot dit gevoel op een schaal van 1 tot 10.
Houd even vast en ga weer terug naar 1. Bespreek je ervaring bij het verdwijnen in elkaars ogen.
Wissel van rol. Bespreek de oefening.

Oefening 2
Dezelfde oefening met vergroten (tot 10) van het verdwijnen in de ogen van de ander.
Bij 5 probeer je het goede evenwicht te hebben tussen aanbieden en verdwijnen en het bij jezelf blijven.
Bespreek wat er gebeurd is (ontlading).

Oefening 3
Ga tegenover elkaar zitten en zoek gronding met voeten en ogen. Ontvang en geef terug. Wissel uit, deel ervaringen.

AANDACHT VOOR DE HANDEN

Oefening 1
Opladen van de energie van je eigen handen door handen wrijven.

Oefening 2
Een bewuste handdruk geven aan de coach. Vraag naar de gevoelswaarde. Herhaal en probeer verschillende handdrukken uit. Bespreek deze.

Oefening 3
Van een overtreffende (harde krachtige) en onthoudende hand naar een terughoudende (slap, teruggetrokken) hand. Bespreek.

AANDACHT VOOR ADEMHALING EN STEM

Oefening 1
Ontspan helemaal (zit, lig).

Oefening 2
Adem rustig in en uit.

Oefening 3
Ontspan, adem rustig en maak zacht de ohmmmm-klank.

TIPS EN VARIATIES
1 Let op makkelijke kleding, zachte vloerbedekking, schoenen uit.
2 Gronden is ook voor de coach zelf bij iedere sessie van belang. De coach kan zich met behulp van voorgaande oefeningen voorbereiden.

LITERATUUR
▷ Beuken, J. van den & J. Bustraan (2005). *Coaching: it takes 2 to tango. Een afstemmingsmethode.* Nelissen, Soest.
▷ Gerritse, T. (2000). *Over kleine dingen. Een inleiding in de haptonomie.* Elsevier, Maarssen.
▷ Lowen, A (1980). *Leven zonder angst.* Servire, Utrecht
▷ Lowen, A & L. Lowen (1989). *Bio-energetische oefeningen.* Servire, Utrecht.

Voorbereidingsoefening

TOOL 2 AUTOGENE TRAINING: KLASSIEKE ONTSPANNINGSOEFENING

INDICATIES
▷ Gespannen, nerveuze coachees
▷ Burn-outverschijnselen
▷ Concentratiestoornissen
▷ Slaapklachten, hoofdpijn, algehele vermoeidheid, stressgevoelens.

DOELSTELLINGEN
▷ Lichaamsontspanning, gronding
▷ Verbeterde ademhaling en fysiek welbevinden
▷ Verminderen van stress; openstaan voor nieuwe ervaringen
▷ Voorbereiding op creatieve en activerende werkvorm in coaching.

TOELICHTING
Autogene training is in de jaren dertig van de vorige eeuw beschreven door de Duitse psychiater Schultz. Hij ontwikkelde zijn methode op basis van ervaringen met zen en yoga; daarnaast voegde hij westerse ideeën toe. De zelfontspanning maakt volgens Schultz een einde aan de vicieuze cirkel van spanning-slapeloosheid-prestatievermindering-overbelasting.

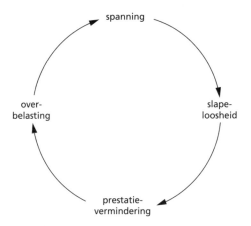

Figuur B Spanningsopbouw

De kernprincipes van autogene training zijn bedrieglijk eenvoudig en overzichtelijk. Ontspannen volgens autogene training vraagt echter ruime ervaring om de juiste aanwijzingen te geven en in te gaan op signalen van de coachee. Vooral aan het begin van een coachingssessie werkt autogene ontspanning optimaal. De belangrijkste voorwaarde voor resultaten bij autogene training is het 'niet verwachten'. Je oefent als het ware om te oefenen en al het andere gebeurt vanzelf (het wu-wei van de oude Chinezen). Wanneer gevoelens van warmte en zwaarte niet tot stand komen, berust dit meestal op onvoldoende rust en concentratie.

In feite kan iedereen autogene training doen, al is het soms een lange weg om de ontspanningsoefeningen onder de knie te krijgen. Specifieke lichamelijke of psychische klachten bij de coachee kunnen ertoe leiden dat de autogene training afgebroken wordt (bloeddrukproblemen, angst en dergelijke). De coach dient zich de methode eigen gemaakt te hebben.

TOEPASSING

Oefeningen

Stap 1
Kies voor een ontspannen houding:

1 Koetsiershouding (figuur C)
Zit op de zitbeenknobbels aan de voorkant van de stoel; de bovenbenen los van de stoel. Benen en knieën enigszins uit elkaar plaatsen, voetzolen plat op de grond. Armen hangen losjes op de benen, handen tussen de benen. De wervelkolom zakt wat in en ook het hoofd zakt wat naar voren.

Figuur C

2 Koningshouding (figuur D)

Als je de koetsiershouding als onprettig ervaart, kun je ook in de koningshouding gaan zitten, dat wil zeggen een kaarsrechte houding op de stoel. De open, geconcentreerde en actieve houding maakt deze zeer geschikt voor meditatie.

Figuur D

3 Leunstoel (figuur E)

Armen op de armleuning leggen, hoofd tegen de hoofdsteun (eventueel extra kussentje), de rug goed aansluiten tegen de rugleuning, benen enigszins gestrekt, voetzolen plat op de grond.

Figuur E

4 Rugligging (figuur F1)

Figuur F1

Languit op de rug, zo nodig hoofd, schouders en knieholte steunen met een kussentje. De armen liggen langs het lichaam, flauw gebogen, handpalmen naar beneden. Voeten vallen naar buiten. Deze houding werkt meestal het best. Desgewenst kan een deken over de benen gelegd worden. Alternatief bij angst of pijn bij rugligging is de buik-zijligging (een been buigen, de arm aan dezelfde kant langs het hoofd leggen, de andere arm ligt bij de heup (figuur F2).

Figuur F2

Stap 2
Begin de ontspanningsoefening met het toestemming vragen aan de coachee. Loop vervolgens de volgende lichaamsdelen langs:

1 Maak je armen zwaar, heel zwaar (herhalen).
2 Maak je benen zwaar, heel zwaar (herhalen).
3 Maak je armen warm, stromend warm (herhalen).
4 Maak je benen warm, stromend warm (herhalen).
5 Maak je ademhaling rustig, heel rustig (herhalen).
6 Maak je hart en bloeddoorstroming rustig en gelijkmatig (herhalen).
7 Je lichaam is nu warm, stromend warm (herhalen).
8 Je voorhoofd voelt aangenaam koel (herhalen).
9 Terugnemen: de ontspanning afsluiten en actief worden door armen te strekken en te buigen, diep in en uit te ademen, het lichaam uit te rekken.

Spreek langzaam, herhaal veel op rustige toon, benoem spieren en ledematen. Laat de coachee niet tussentijds spreken. Zorg ervoor dat de ruimte donker of schemerig is. Alle gedachten mogen, niets is fout, laat het komen zoals het komt. Of wegblijven. De ontspanningsoefening duurt minimaal 3-5 minuten. Nabespreken van ervaringen na de oefening helpt de coachee zich bewust te worden van zijn eigen gevoelens en gedachten. Er kan verschillende malen achtereen geoefend worden. Het is heel prettig met een langer durende ontspanningsoefening of een meditatie af te ronden.

Soms kan het voorkomen dat per sessie maar een of twee fasen geoefend kunnen worden, vanwege de beschikbare tijd en de mate van ontspanning van de coachee.

De tekst wordt door de coach in de ik-vorm uitgesproken. De coachee leert deze tekst tegen zichzelf te zeggen, wederom in de ik-vorm.

Stap 3
(na fase 8 van stap 2 vervolgen)
Samenvatting van alle fasen:

Ik ben volkomen rustig.
Mijn hele lichaam (iedere spier) is ontspannen en slap.
Mijn armen en benen zijn slap en loodzwaar.
Ik ben volkomen rustig.
(.........)
Armen krachtig strekken!
Diep inademen!
Ogen open!
(alle zinnen zo vaak herhalen als nodig)

Variaties
(steeds na stap 2)

Oefening 1

Basisoefening
Ik ben helemaal rustig.
Rustig en ontspannen.
Diepe rust trekt door mijn hele lichaam.
Mijn hele lichaam is ontspannen en slap.

Ik ben helemaal rustig.
Ik doe drie diepe ademhalingen.
Armen strekken!
Ogen open!
(alle zinnen zo vaak herhalen als nodig)

Oefening 2
Ik ben helemaal rustig.
Rustig en ontspannen.
Diepe rust trekt door mijn hele lichaam.
Mijn hele lichaam is ontspannen en slap.
Zwaar ligt mijn rechterarm.
De rechterarm is loodzwaar.
Zwaar en ontspannen.
De rechterarm is zwaar.
Ik ben helemaal rustig en ontspannen.
Ik haal drie keer diep adem.
Armen en benen strekken!
Ogen open!
(alle zinnen zo vaak herhalen als nodig)

Hetzelfde met:
▷ inschakelen benen;
▷ inschakelen warmte in armen en benen;
▷ inschakelen hart/bloedcirculatie, buik, hoofd.

Uit het ontspanningsdagboek van een coachee

(Schultz liet zijn cliënten steevast aantekeningen maken van hun ervaringen bij het ontspannen en gebruikte daar een soort dagboekje voor.)

Dag 1
'Ik word er na vijf minuten helemaal iebel van. Alles gaat jeuken en kriebelen, ik kan geen moment meer stilliggen. Heb de ontspanning afgebroken en voelde me erg ontevreden.'

Dag 2
'Vandaag wat langer volgehouden. Ik heb zachte muziek aangezet, dat vond ik erg prettig. Ik voelde opeens mijn rechterzij erg

warm worden, links niet zo. Vrij snel daarna was het weg en werd ik onrustig.'

Dag 3
'Ik realiseer me goed hoe stressig ik ben. Ik kan niet eens tien minuten stilliggen en ontspannen. Ik heb tegen mezelf gezegd: "Het moet", en dan lukt het natuurlijk niet. Mijn kop zit vol spinsels. Waarom moet het meteen goed gaan en accepteer ik niet dat het niet lukt?'

Dag 4
'Vandaag ben ik zittend begonnen tot ik rustig was, zwaar en warm voelde. Toen ben ik gaan liggen op mijn rug met een kussentje onder mijn hoofd en ben ik opnieuw begonnen. Ineens had ik het gevoel: heerlijk. En ik had nog nauwelijks iets gedaan. Mijn hele lichaam voelde zwaar en warm aan. Hoera!'

Dag 5
'Hetzelfde programma als gisteren. Het gaat echt lukken als ik het in twee stappen doe. Eerst zittend, dan liggend. Zeker een kwartier ontspannen, op het slaperige af.
Het is belangrijk dat er niemand thuis is, merk ik, dan kan ik me echt op het oefenen concentreren.'

Dag 6
'Voor een belangrijke vergadering heb ik me vijf minuten ontspannen. Echt leeg gemaakt. Ik zat er ontspannen en geconcentreerd bij, vond ik achteraf. Ik kon ook makkelijker ademen en zette niet – zoals anders – mijn adem vast.'

TIPS EN VARIATIES

1. Een dagboek bijhouden helpt de ontspanning op te bouwen en te reflecteren op ervaringen en gevoelens. Vaak is een week of veertien dagen dagelijks oefenen genoeg om autogene ontspanning onder de knie te krijgen.
2. Sommige coachees vinden het prettig dat de ontspanning van hun arm of been gecontroleerd wordt door de coach door het opheffen en laten vallen van de betreffende ledematen ter controle van de ontspanning.
3. De ontspanning kan gekoppeld worden aan een meditatieoefening of een visualisatieoefening en kan als voorberei-

ding dienen voor een creatieve activiteit, bijvoorbeeld tekenen, metaforen uitwerken en dergelijke.
4 Oefen desgewenst met rustige muziek.
5 Combinaties met bijvoorbeeld andere yogaoefeningen zijn goed uitvoerbaar wanneer de coach daar enigszins in thuis is.

LITERATUUR
▷ Hoffmann, B. (1997). *Handbuch Autogenes Training. Grundlagen, Technik, Anwendung* (12e Aufl.). Deutscher Taschenbuch Verlag, München.
▷ Kleinsorge, H. (1970). *Ontspanning door autogene training.* De Driehoek, Amsterdam.
▷ Schultz, J.H. (1953). *Das Autogene Training* (8e Aufl.). Georg Thieme Verlag, Stuttgart.
▷ Steinfeld, L. (1980). *Autogene Meditatie.* Uitgeverij Helmond, Helmond.

Voorbereidingsoefening

TOOL 3 ONTSPANNEN CONCENTRATIE: VERBETER JE PRESTATIE

INDICATIES
- ▷ Weinig geloof in eigen kunnen, onzekerheid.
- ▷ Last van een kritisch oordeel ten opzichte van zichzelf.
- ▷ Lospraten, in de kracht komen voor het coachingsgesprek.

DOELSTELLINGEN
- ▷ Oefenen van je ontspannen concentratie bij gespreksvoering.
- ▷ Bewustwording van je innerlijke dialoog en de daarmee verbonden keuzes.
- ▷ Door ontspannen concentratie bereik je prestatieverbetering.
- ▷ Bewustworden van de werkelijke coachingsvraag.

TOELICHTING

We kennen allemaal die stemmen in ons hoofd die elkaar in een kritische dialoog tegenspreken. Er is een poppetje dat controle houdt, normen en waarden bewaakt, kritisch is en alles beter weet: het *Zelf-1*. Het tweede stemmetje staat voor de echte mens met zijn totale potentieel: het *Zelf-2* (dat nogal eens de strijd verliest van Zelf-1).

Timothy Gallwey (ontwikkelaar van de ontspannen concentratie, auteur van het boek *Spelenderwijs werken* en een van de grondleggers van de coachende benadering in Amerika) beschrijft deze subpersoon (onze interne criticus) aan de hand van zijn ervaringen bij tennislessen. Eerder heeft hij deze ideeën uitgewerkt in publicaties als *The Inner Game of Tennis*. Maar ook bij skiën en golfen, zelfs bij muziek maken, komen deze hinderlijke kritische stemmetjes tevoorschijn en over deze activiteiten heeft Gallwey ook gepubliceerd.

De innerlijke dialoog van de stemmetjes leidt volgens hem tot verstoring van de perceptie. Vervolgens wordt ook de reactie verstoord en dus ook het resultaat en het gevoel van eigenwaarde. 'Ik heb de vijand ontmoet, en dat zijn wij zelf', zegt Gallwey.

Neem het spelen van een backhand bij tennis. Over het algemeen is dat voor de tennisser een lastige slag. 'Oei, zou ik hem wel goed raken?', denkt de speler, en met hem Zelf-1. Je hoort Zelf-1 al den-

ken: 'Dat lukt je vast niet!' De speler spant zijn spieren en slaat stijf en houterig zijn backhand in het net. 'Zie je wel', zegt Zelf-1, 'je kunt het niet, die slag is veel te lastig.' En zo wint Zelf-1 de dialoog.
Bij tennis, maar ook bij coaching, aldus Gallwey, gaat het erom je ervan bewust te zijn dat je een keuze hebt: je kunt bij volle bewustzijn kiezen voor Zelf-1 of voor Zelf-2. Als je voor Zelf-2 kiest, ontspan je, neem je rust en ruimte en vertrouw je op je eigen keuze. De backhandslag gaat dan *ontspannen ongedwongen* en het resultaat is veel beter. Zo ook op de werkvloer in dialoog met jezelf of met een ander. Je haalt je beste prestaties als je kunt loslaten, leeg bent, ontspannen en geconcentreerd. Vraag het Krajicek.

TOEPASSING

Oefening
Duur van de oefening: 3 x 4 minuten, inclusief korte evaluatie van 1 minuut, plus 5 minuten nabespreking. Bij toepassing van fase 4 (facultatief) duurt het geheel 3 minuten langer. Leg de stappen uit aan de coachee.
Totale tijd: circa 20 minuten.
De oefening is ook op te rekken in de tijd, waardoor gevoelens en emoties, maar ook de confronterende kanten aan de oefening, doorgeoefend kunnen worden.

Fase 1 Zelf-1 aan het woord
De coach laat de coachee 'de vraag van vandaag' voorleggen.
Vervolgens gaat de coachee zijn probleem hevig overdrijven. Het is zó verschrikkelijk erg, het ergste wat hem ooit overkomen is! Mimiek, stem en fysiek doen mee in de overdrijving. De coachee mag gerust gaan schreeuwen of huilen. Stop na 5 minuten en vraag om in stilte 1 minuut na te voelen/te praten over wat er gebeurde.

Fase 2 Zelf-1 nogmaals aan het woord
De coachee vertelt nu dat het echt allemaal niet zo erg is, eigenlijk is er niets aan de hand. Het stelt niets voor. Waarom is hij hier eigenlijk? Alle verzachtende omstandigheden worden opgesomd. De coach stelt belangstellende vragen, maar gericht op de onderwaardering van de probleemstelling. Na 5 minuten 1 minuut navoelen/napraten.

Fase 3 Zelf-2 aan het woord
Nu vertelt de coachee zijn probleem van vandaag in eigen woorden op een ontspannen geconcentreerde wijze. Niet overdrijven en niet afdingen. Het is zoals het is. In alle rust komt het verhaal. Adem ontspannen door. Voel je goed onder het vertellen en laat je vooral niet afleiden.
Voel 1 minuut na; praat na.

Fase 4 Facultatief
Zoals bij fase 3, maar de coach probeert er nu steeds tussen te komen met argumenten van Zelf-1. De coach doet vervelend, leidt af, provoceert zelfs. De coachee probeert ontspannen geconcentreerd te blijven.

Fase 5 Nabespreking
Je kunt na afloop de volgende vragen bespreken:
▷ Is Zelf-1 je vriend of je vijand?
▷ Heeft Zelf-1 wel eens gelijk? Wat doe je dan?
▷ Was Zelf-2 ontspannen en geconcentreerd?
▷ Wat heb je ontdekt?
▷ Hoe was je concentratie op je rol? Je vertrouwen?
▷ Het bewustzijn van je doelstellingen?
▷ Wat is nu je coachingsvraag?

TIPS
1 Bewaak streng de regels tijdens het gesprek. Als mensen gaan lachen en uit hun rol raken, begin dan opnieuw.
2 Begeleid de nabespreking gericht op de doelstellingen van de oefening en laat je niet meeslepen door alle andere ervaringen.
3 De vragen van de coach kunnen snel een provocerend karakter krijgen, vooral in fase 4. Voor de coachee is het van belang dat hij weer schakelen kan naar zijn eigen wijze van ontspannen concentratie.

LITERATUUR
▷ Gallwey, W.T. (2000). *Spelenderwijs werken*. Nieuwezijds, Amsterdam.
▷ Gallwey, W.T. (2002) *In goede banen. Tennis als innerlijk spel* (2e druk). De Kern, Baarn.

Voorbereidingsoefening

TOOL 4 GELEIDE FANTASIE: EEN ZOEKTOCHT BEGINNEN

INDICATIES
- ▷ Gespannen coachees; behoefte aan rust en concentratie.
- ▷ Zoekende, twijfelende, weinig geconcentreerde coachees.
- ▷ Behoefte aan spiritualiteit.
- ▷ Drukke woordenwatervallen.

DOELSTELLINGEN
- ▷ Ontspannen concentreren bij de aanvang van de coachingssessie (openingsprincipe).
- ▷ Gedachten baseren op het gevoelsmatig ervaren (doorlevingsprincipe).
- ▷ Gedachten richten op de startvraag voor het gesprek (ordeningsprincipe).
- ▷ Gronden in het gesprek; ontspannen en tot de juiste doorleefde vraag komen.

TOELICHTING

Geleide fantasie is al zo oud als de weg naar Rome. In veel culturen werden gedachten ondersteund doordat een wijze man of vrouw iemand begeleidde bij het onderzoeken van levensvragen. Geleide fantasie combineert het aspect ontspanning met ordening in gedachten en het ook gevoelsmatig doorleven van levensvragen. De gedachten centreren zich in korte tijd op de kern van de vraagstelling die bewerkt gaat worden. Vaak komen details op de achtergrond.
Wanneer ontspannen concentratie bereikt is, zal het gesprek opener en directer kunnen plaatsvinden.
Een geleide fantasie duurt als voorbereidingsoefening 10-15 minuten.

TOEPASSING

voorbeeldtekst geleide fantasie
(Spreek met rustige stem, neem de tijd, laat stilte toe. Varieer de tekst waar nodig.)

'Ga staan bij je stoel.
Voel je stoel,
De stoel waarop je gaat werken.
Voel het hout of metaal of het plastic,
de kracht van de poten,
de soepelheid van de zitting,
zacht misschien, omvattend.
Heel bewust plaats je jouw stoel op jouw plek.

Ga zitten met een rechte ontspannen rug,
voeten stevig op de vloer, gegrond.
Als je wilt, doe je je ogen dicht,
of je laat ze straks vanzelf dichtvallen.
Wees je bewust van wat je op dit moment ervaart,
aan gedachten, gevoelens,
gewaarwordingen in je lichaam.
Neem ze waar,
niet meer en niet minder.

Richt nu je aandacht op je ademhaling.
Je hoeft er niets aan te veranderen,
volg alleen de voortdurende beweging van je adem.
Naar binnen en naar buiten,
in en uit,
en voel hoe als vanzelf je ademhaling verdiept,
en lager komt.

Laat nu je ademhaling los,
en ga met je aandacht naar je voeten.
Ervaar bewust het contact dat je voeten met de grond maken,
stevig, plat, aardend.

Ga nu met je aandacht naar je zitbeentjes,
ervaar bewust het contact dat ze maken met de stoel.
Maak je breed en zwaar op de stoel.
Word je bewust van de opwaartse kracht van je ruggengraat.
Je zit ontspannen en gestrekt,
gesteund en gegrond.

Ontspan je hoofd,
de spieren van je mond, je kaken,

je voorhoofd en je kruin.
Beweeg je hoofd ontspannen heen en weer.
Doe ook zo met je nek.
Je gezicht is zacht en ontspannen.'

(De coach kan per onderdeel naar eigen keuze meer tijd besteden aan schouders enzovoort:
'Nu je schouders...'
'Je armen, borst en rug...'
'Benen en voeten...')

'Nu je helemaal ontspannen zit,
richt je je aandacht op het gesprek dat je gaat voeren.
Maak jezelf leeg, maak je hoofd leeg.
Adem rustig in en uit.
Laat spanning en hectiek vervloeien.
Laad energie op door je nadruk op je inademing.

Maak jezelf schoon.
Stel je voor dat je onder de douche staat.
Laat het warme water over je heen stromen,
door je heen stromen.
Laat het water alle gedachten, problemen, boosheden meenemen,
tot je helemaal schoon achterblijft.

Je voelt je innerlijk helder.
Laat alles vanzelf komen en gaan.
Alle gedachten gaan vanzelf.
Je hoeft er niets aan te doen.
Oordeel niet, je bent slechts toeschouwer.
Laat het overbodige los.
Laat denken, voelen en handelen samenstromen.
Laat de kristalheldere stroom alle overtolligheden wegspoelen.

Je kijkt nu met kristalheldere blik.
Kleuren worden mooier, warmer, helderder.
Geluiden worden betekenisvol.
Alles wordt transparant,
ontspannen bewust.
Er is veel ruimte in jezelf.

Je ontspannen concentratie is optimaal.
Je richt je aandacht op het gesprek dat komen gaat,
op het verder komen in dit gesprek.
Blijf rustig en geconcentreerd ademhalen.
Bij iedere ademhaling wordt je aandacht sterker gefocust,
wordt je ontspanning dieper en
neemt je ontspannen concentratie toe.'

(Actief, dynamisch uitspreken.)
'Span aan, strek je uit,
voel je actief en geconcentreerd,
bewust aanwezig!
Span alle spieren.
Adem diep in en uit.
Je bent er helemaal klaar voor!'

TIPS

1. De oefening is met enige wijzigingen ook bruikbaar voor de coach zelf om zich op ontspannen geconcentreerde wijze voor te bereiden op het gesprek. Je kunt bijvoorbeeld de tekst zelf inspreken op een bandje.
2. Het kan rustgevend werken om zachte muziek op te zetten.
3. Zorg voor een rustige omgeving. Geen storingen! Zet de telefoon uit!

LITERATUUR

▷ Verhoef, A. (2001). *Creatieve loopbaanplanning* (met cd). Nelissen, Soest.

2.2 Tools gericht op verandering van omgeving en gedrag

Omgeving en gedrag

TOOL 5 WONDERVRAAG: DE TOEKOMST VERBEELDEN

INDICATIES
▷ Coachees met een vaag en ongedefinieerd doel.
▷ Coachees met weinig vertrouwen in zichzelf.
▷ Coachees die steun hebben aan een helder toekomstbeeld om daar concrete acties aan op te hangen.

DOELSTELLINGEN
▷ Uitvergroten en centraal stellen van een wens van de coachee.
▷ Zich richten op de (toekomstige) vervulling van de wens van de coachee op basis van zijn motivatie tot verwezenlijking.
▷ Werken op basis van door de coachee zelf gestelde doelen en concreet uitgewerkte stappen.

TOELICHTING
De wondervraag wordt gebruikt binnen de oplossingsgerichte gesprekstherapie. De kern van de benadering is gebaseerd op het door De Shazer (een van de grondleggers van de oplossingsgerichte therapie) geformuleerde uitgangspunt: de cliënt construeert zelf zijn eigen oplossing uitgaande van zijn sterke kanten en successen.
De oplossingsgerichte benadering gaat ervan uit dat er niet logischerwijs een verband hoeft te bestaan tussen probleem en oplossing. Er zijn verscheidene oplossingen mogelijk en een coachee kan een oplossing kiezen die voor hem goed voelt, maar niet direct verbonden is met de aanvankelijke vraagstelling. Het is een vorm van divergerend denken waarbij verscheidene mogelijkheden onderzocht worden. Het gaat bij deze benadering veel meer over het aanspreken van de sterke kanten in een persoon en deze verbinden met de zelfgekozen oplossingsrichting. De motivatie om het probleem op te lossen neemt toe naarmate de sterke kanten van de persoon die de verandering kunnen ondersteunen constant benadrukt worden. Dit onderzoek naar sterke kanten wordt coöperatieve exploratie genoemd. De coach stelt zich niet beoordelend op ten opzichte van het probleem, maar werkt mee

in het lerend ontdekken en het daarbij gebruiken van natuurlijke hulpbronnen.
De volgende gespreksfasen worden gehanteerd:
1. *Beschrijving van de problemen* en het verzamelen van gegevens.
2. *Probleemanalyse*: wat zijn de problemen? Maak zo nodig een keus welk probleem het eerst aangepakt dient te worden. Hoe kan de coach je daarbij helpen? Wat heb je zelf al gedaan?
3. *Doelformulering*: wat zou dit gesprek de moeite waard maken?
4. *De wondervraag*: hoe zul je merken dat het anders is? Wie zal verder merken dat er een wonder is gebeurd? Welk verschil maakt dit met nu?
5. *Bedenken van interventies* om het probleem op te lossen. Als je zou moeten doen alsof het wonder gebeurd was, wat zou dan je eerste kleine stapje zijn om iets te veranderen? Hoe zou dat kunnen helpen? Complimenteer de coachee met zijn plannen en stel het volgende voor: kies komende week een dag uit en doe of het wonder gebeurd is. Kijk naar het verschil.
6. *Actiefase*: de probleemoplossende interventies worden uitgevoerd.
7. *Evaluatie en vervolg*: coach en coachee stellen samen de resultaten vast. Er wordt beoordeeld aan de hand van de afgesproken interventies of de acties succesvol zijn geweest. Zo niet, dan worden er nieuwe interventies bedacht. Zo ja, dan is het traject ten einde.

TOEPASSING

VOORBEELDGESPREK

1 Probleem formuleren en gegevens verzamelen
Sonja kwam bij haar coach met de vraag haar te helpen met het terugbetalen van haar WIK-subsidie (dat is de subsidie die beginnende kunstenaars drie jaar lang ontvangen). Ieder jaar wordt de subsidie kleiner omdat de kunstenaar een groter percentage van de subsidie moet terugverdienen. Dat legt een druk op kunstenaars die zich willen doorontwikkelen, maar tegelijkertijd pro-

ductief en commercieel moeten worden. Concreet luidde haar vraag: help me dit jaar 6000 euro zelf te verdienen.
Haar coach kan haar helpen met het structureren van alle losse eindjes en plannetjes. Hij kan haar helpen bij het opzetten van een jaarplanning en bij gerichte verkoopactiviteiten.
Zelf had Sonja een atelier gehuurd en contact gezocht met een aantal collega's rond het uitwisselen van ideeën en expositiemogelijkheden.

2 Wat zou dit gesprek de moeite waard maken voor de coachee?
Sonja: 'Ik wil positieve energie krijgen en de angst voor het wel of niet verdienen van die 6000 euro van me afschudden.'

3 De wondervraag (Hoe zul je merken dat het anders is?)
Sonja: 'Ik merk dat het anders is omdat ik rust zal hebben en die nare subsidiedruk van me af valt. Ik zal het ook merken aan de ontwikkeling van mijn werk en de waardering die het gaat krijgen. En ik ga regelmatig werk verkopen, zonder dat ik dit een knieval voor de overheid vind. Het verschil met vroeger is dat ik me dan zekerder voel en gewaardeerd.'

4 Bedenken van acties
▷ Drie dagen in de week scheppend werken, een rode draad in mijn werk ontwikkelen.
▷ Eén dag werken op het atelier, waar ik porselein kan bakken.
▷ Eén dag netwerken, exposities voorbereiden enzovoort.
▷ Een jaarplan maken met acties, drie expositiemogelijkheden plannen met flinke tussenruimte zodat ik ook werkelijk mijn werk verkopen kan.
▷ Een financieel plan uitwerken: Wat heb ik al verdiend en wat moet ik nog verdienen? Gaat dat lukken met de productie die ik ontwikkel? Ik maak een mooie vaas voor 100 euro die ik dertig keer giet. Dat levert 3000 euro op. Dat wordt de basis.

Kernpunt werd in deze gesprekken dat Sonja zich vooral wil focussen op een duidelijke productielijn en een goed gepland aantal verkooptentoonstellingen om haar werk onder de aandacht te brengen. Ze wil 4000 euro verdienen (2000 euro had ze al verdiend).

5 Evaluatie en vervolg
Het focussen op doel en wondervraag helpt Sonja op weg naar terugbetaling van de subsidie. Geld verdienen 'mag'. Het grootste leerpunt is en blijft voor haar discipline te houden in haar agenda: niet uitslapen, geen koffievisites met vriendinnen, uitstapjes naar allerlei interessante tentoonstellingen verplaatsen naar het weekend.

TIPS
1. Het is voor de coach de opgave steeds weer te complimenteren en sterke kanten te benadrukken, ook als er even geen successen zijn.
2. Steeds opnieuw de wondervraag stellen of benadrukken.
3. Concreet huiswerk afspreken (en verSMARTen!) is erg ondersteunend bij deze methode.
4. De wondervraag kan ook gesteld worden aan het begin van het gesprek, los van de hiervoor beschreven methodiek.

LITERATUUR
▷ Jong, P. de & I. Kim Berg (2004). *De kracht van oplossingen. Handwijzer voor oplossingsgerichte gesprekstherapie* (2e druk). Harcourt, Amsterdam.
▷ Kim Berg, I. & P. Szabó (2006). *Oplossingsgericht coachen.* Thema, Zaltbommel.

Omgeving en gedrag

TOOL 6 KAIZEN: VERANDEREN MET KLEINE STAPPEN

INDICATIES
▷ Coachees die moeite hebben met het doorvoeren van geplande veranderingen.
▷ Coachees die de neiging hebben hun voornemens te weinig concreet en toepasbaar uit te werken.
▷ Coachees die te grote veranderingen ineens willen doorvoeren, te veel willen (niet realistisch zijn).

DOELSTELLINGEN
▷ Ontwikkelen en realiseren van acties op basis van kleine stappen.

▷ Realiseren van kleine stappen als levenshouding: permanente verbetering.

TOELICHTING
Het Japanse Kaizen staat voor kleine verbeteringen die in een bestaande situatie worden gerealiseerd en die het resultaat zijn van een voortdurende, dagelijkse inspanning.
Geen dag zonder verandering! Bij Kaizen wordt vaak verwezen naar het oude Japanse gezegde: als een man drie dagen is weggeweest, moeten zijn vrienden hem eerst goed bekijken om te zien welke veranderingen zich bij hem hebben voltrokken.
Kaizen is in het naoorlogse Japan binnen het bedrijfsleven ontwikkeld (op basis van de al eeuwenoude Kaizen-leefstijl) met als doelstelling zeer hoge kwaliteit te gaan bieden in de productiesector. De Japanse Kaizen-methode is niet gericht op grote innovaties (dat is de westerse aanpak) maar op een geleidelijke verandering. De methode sluit beter aan bij het oosterse denken, gericht op kwaliteit, klantvriendelijkheid en permanente verbetering. Kaizen is geen trucje maar een houding of levensfilosofie: laat geen dag voorbij gaan zonder een verbetering. De gedachte is dat zeven kleine stappen in één week meer verandering bewerkstelligen (en implementeren) dan één doelstelling die je in één week wilt behalen.

Het motto luidt:
Morgen beginnen...
Nee, vandaag natuurlijk!

TOEPASSING

Stappen van de Kaizen-methode
De Kaizen-methode start wanneer een werkprobleem geanalyseerd en geherformuleerd is. De methode richt zich vooral op de optie- en actiefase in het coachingsproces.

Stap 1 Seiso (maak schoon)
Vorm: korte meditatie over de geherformuleerde coachingsvraag.
Vraag: welke ideeën kan ik bedenken om een kleine verbetering in mijn probleem aan te brengen?
Wissel deze beelden gezamenlijk uit. Vul aan waar nodig.

Stap 2 Seiri: zet de zaken op een rij
Associeer op de stappen die je zetten kunt. Teken de stappen letterlijk op papier. Bijvoorbeeld met de '5 x waarom'-oefening of het Ishigawa-schema (zie hierna).

Stap 3 Seiton: berg ordelijk op
Maak keuzes, maak een rangorde. Onderzoek je stap(pen) kritisch. Welke stap is het makkelijkst, het lastigst, brengt het meeste op? Gaat het echt om kleine stappen? Stel je voornemens bij.

Stap 4 Seiketsu: persoonlijke helderheid
Maak je eigen plan met zeven kleine stappen voor één week. Schrijf ze zichtbaar en controleerbaar op (en maak een duplicaat voor je coach).

Stap 5 Shitsuke: discipline
Toets je resultaten, stel je stappenplan bij, iedere dag opnieuw. Breng de veranderingen aan op je overzicht. Breng verslag uit aan je coach.

Uitwerking van stap 2 (seiri) en stap 3 (seiton): het Ishigawa-schema

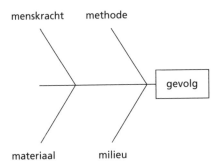

Figuur G Het Ishigawa-schema (zie Hendriksen, 2006)

De 'visgraten' van het Ishigawa-schema worden ingetekend en benoemd (beredeneerd, emotioneel, associërend, dat doet er niet toe). De visgraten krijgen vele kleine graten die allemaal genoteerd worden. De hoofdoorzaken worden samengevat onder de vier M's:
▷ menskracht;
▷ methode (procedures);
▷ materiaal (hulpmiddelen);
▷ milieu (omgevingsinvloeden, maatschappelijke context).

Concentreer je steeds op de hoofdoorzaken. Dat betekent dat de vier M's een andere benoeming kunnen gaan krijgen, bijvoorbeeld: personeel, opleiding, thuis enzovoort. Vraag als coach zoveel mogelijk door.
Maak hierna je stappenplan voor zeven dagen en realiseer dit plan inclusief de bijstellingen per dag.

TIPS EN VARIATIES

1 Een overzicht per dag in de vorm van ingevulde kaartjes of post-its op een groot vel maken de dagelijkse stappen goed te volgen. Terugkijkend kunnen steeds de dagelijkse veranderingen en de resultaten aangegeven worden. Het overzicht maakt de successen duidelijk!
2 Het weekoverzicht wordt dagelijks geëvalueerd en aangevuld.
3 Benadruk steeds de filosofie van de kleine stappen, zonder dat het een trucje wordt.

LITERATUUR

▷ Hendriksen, J. (2006). *Begeleid intervisie model* (5e druk). Nelissen, Soest.
▷ Imai, M. (1993). *Kaizen. De sleutel van Japans succesvolle concurrentie.* Kluwer, Deventer.

Omgeving en gedrag

TOOL 7 COMPETENTIEONTWIKKELING: EIGENSCHAPPEN VERBETEREN

INDICATIES
▷ Coachees die binnen de bedrijfscontext moeten of willen werken aan hun competenties, bijvoorbeeld vanuit een opdracht van hun leidinggevende en/of vanuit een conclusie uit hun Persoonlijk Opleidings Plan (POP).
▷ Coachees die behoefte hebben aan een planmatige, toetsbare en resultaatgerichte structuur van werken.

DOELSTELLINGEN
▷ Ontwikkelen van nieuw competentiegedrag: attitude-ontwikkeling, kennisontwikkeling en/of vaardigheidsontwikkeling.
▷ Je bewust worden van alle elementen die meespelen bij de ontwikkeling van een competentie.
▷ Dit gedrag per fase uitwerken tot hanteerbare stappen die uitmonden in een actieplan ter verbetering van de competentie.

TOELICHTING
Een competentie is een observeerbare eigenschap van iemand, die kan bijdragen aan het succesvol functioneren binnen een bepaalde rol of functie. Observeerbare eigenschappen zijn namelijk meetbaar, controleerbaar en verbeterbaar. Ze zijn te managen en ze dragen bij aan betere prestaties. Betere prestaties kunnen ook uitgedrukt worden als waardevol(ler) functioneren in lijn met de gewenste waarden en cultuur van de organisatie (Van Beirendonck, 2004). Iedere competentie kent weer een onderverdeling in aspecten met betrekking tot kennis, vaardigheid en attitude.
Er zijn competenties die met kennis te maken hebben: kennis van communicatietheorie, bepaalde vakkennis, kennis van de werking van een automotor enzovoort.
We kennen vervolgens vaardigheidscompetenties die te maken hebben met de uitvoering van een vak: gesprekstechnieken hanteren, een vergadering voorzitten, open vragen stellen, interveniëren. Ten slotte zijn er competenties op het gebied van attituden/houdingen, zoals confronteren, empathie tonen, flexibiliteit, stressbestendigheid, invoelingsvermogen en luisteren.

Competentieontwikkeling heeft te maken met het ontwikkelen van die attituden, kennis of vaardigheden die bijdragen aan *een nieuw (gewenst) gedrag in de werksituatie*. Natuurlijk wordt gedrag gestuurd door de persoonlijkheid, de ervaringen en de gedurende de levensloop ontwikkelde waarden en normen. Er is al veel aanwezig bij ieder mens: soms goed ontwikkeld en in samenhang, soms onvolledig en voor ontwikkeling vatbaar.

Het ontwikkelen van een competentie neemt de persoon serieus in zijn wensen en mogelijkheden om zich nieuw gedrag eigen te maken, gebaseerd op waarden en normen.

Fase 1: Bewustwording
Omschrijf de competentie die je wilt ontwikkelen in concreet observeerbare termen. Dit laatste is wezenlijk voor de vervolgstappen.

Fase 2: Toekomstbeeld
Creëer een concreet beeld van de competentie in de context waarbinnen deze ontwikkeld gaat worden. Waar wil je uitkomen? Welke doelen stel je je?

Fase 3: Het onderzoek
Toets de stand van zaken (realiteit van de huidige gedragingen) ten opzichte van het doel. Stel de belangrijkste ontwikkelactiviteiten vast die onderdeel vormen van de te ontwikkelen competentie.

Fase 4: Opties
Formuleer de verschillende mogelijkheden (opties) om de competentie te ontwikkelen. Hierbij weeg je de opties ten opzichte van elkaar. Vervolgens bepaal je je keuze.

Fase 5: Acties
Stel een activiteitenplan op en maak het SMART zodat het resultaat ook werkelijk behaald kan worden (uitwerking SMART: zie hierna onder 'Toepassing', Fase 5). Welke verantwoordelijkheid neem je met dit actieplan?

DE TOOLS

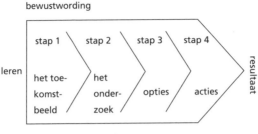

Figuur H Stappen in het coachingsproces

TOEPASSING

Hulpvragen bij het verhelderen van fasen

Fase 1 Bewustwording
▷ Beschrijf de competentie die je wilt ontwikkelen.
▷ Wat is de toepasbaarheid van deze competentie? Dit moet concreet en observeerbaar omschreven worden.
▷ Beschrijf de competentie op de aspecten attitude, vaardigheid en kennis.
▷ Welke relatie vertoont de competentie met je normen- en waardenstelsel?
▷ Welk onderdeel van de competentie krijgt de hoofdaandacht (kennis, vaardigheid of attitude)?

Kernvragen
▷ Wat gebeurt er als ... niet goed gaat?
▷ Waaraan zie je dat ... goed loopt?
▷ Wat onderscheidt goed ... van minder goed?
▷ Wanneer ben je (niet) tevreden met ...
▷ Wat doen anderen die ... zeer goed kunnen?

Fase 2 Toekomstbeeld
▷ Beschrijf je toekomstig gedrag/doel (eventueel in een droombeeld).
▷ Hoe verhoudt dit gedrag/doel zich met ontwikkelingen op langere termijn?
▷ Wat is de winst die behaald kan worden?

- Wat is je eigen aandeel in het bereiken van dit doel?

Fase 3 Realiteitstoetsing
- Benoem reeds ontwikkelde acties.
- Wat lukte wel en wat niet?
- Welke resultaten zijn al geboekt?
- Wat is de invloed van de omgeving (organisatie)?
- Wat is de invloed van je collega's/concurrenten/thuisfront?
- Welke twijfels en blokkades zie je op weg naar realisering?
- Welke patronen ken je van jezelf die helpen of tegenwerken?
- Is er sprake van een herformulering van de competentie-inhoud of -formulering?

Fase 4 Opties
- Welke oplossingen zie je?
- Welke kansen? Welke oefenkansen?
- Welke bedreigingen, valkuilen, hobbels?
- Maak een beargumenteerde keuze.

Fase 5 Actieplan (verantwoording nemen)
- Maak een actieplan met duidelijke doelen.
- Welke ondersteuningsmogelijkheden heb je (collega's, leidinggevende)?
- Welke hulpmiddelen (geld, cursus, rapport, memo enzovoort)?

SMART:
- Hoe Specifiek (exact geformuleerd) zijn je voornemens?
- Hoe Meetbaar zijn je resultaten?
- Hoe Acceptabel is het voor jezelf en je omgeving (sleutelfiguren)?
- Hoe Realistisch is je actie (of gebakken lucht)?
- Hoe Tijdgebonden?
- Hoe zeker ben je van je succes?
- Hoe ga je je succes vieren?
- Hoe borg je je nieuwe competentie?

(zie bijlage 1 voor een SMART-bewerking)

TIPS EN VARIATIES

1 In veel gevallen is het ondoenlijk om in één gesprek alle fasen te doorlopen. Meestal zijn zeker twee of drie gesprekken nodig om de competentie op alle punten te onderzoeken om tot een actieplan te komen.
2 Omschrijf de te ontwikkelen competentie steeds in concreet observeerbaar gedrag, anders wordt de uitwerking per fase vager en minder concreet.
3 Het is de uitdaging voor de coach om per fase een groot aantal detailvragen te stellen om het onderzoek te ondersteunen.

LITERATUUR

▷ Beirendonck, L. van (2004). *Iedereen competent. Handleiding voor competentiemanagement dat werkt.* Lannoo Campus, Leuven.
▷ Rijkers, T. (2004). *Succesvol werken aan je competenties* (2e druk). Nelissen, Soest.

Omgeving en gedrag

TOOL 8 WERKSTIJLEN: EEN ONDERZOEK NAAR DE VOORKEURSSTIJL VAN LEIDING GEVEN

INDICATIES
▷ Coachees die een gedragspatroon ontwikkeld hebben van hoge taakverwachting en rationeel en taakgericht werken.
▷ Coachees met weinig reflectief vermogen.
▷ Coachees met gerichte vragen over taak- en functievervulling en taak- en functieontwikkeling.

DOELSTELLINGEN
▷ Onderzoeken van sterke en minder sterke elementen in de werkstijl van de coachee.
▷ Aangrijpingspunten voor het verbeteren van de eigen werkstijl vinden.
▷ De eigen werkstijl in balans brengen met behoeften vanuit de organisatie.

TOELICHTING
Het komt nogal eens voor dat managers weinig zicht ontwikkeld hebben op hun eigen functioneren en vooral niet op de leiderschapsstijl die ze praktiseren. Inzicht krijgen in de eigen unieke stijlkenmerken helpt ook om onder ogen te zien welke nadelen of valkuilen verbonden zijn aan deze stijl. De reflectie hierop ondersteunt de manager (maar niet de manager alleen) om evenwichtiger samen te werken met zijn medewerkers.

Men zegt wel dat 75 procent van alle leidinggevenden in het hoger management, vrouwen niet uitgezonderd, zogenoemde alfa's zijn: krachtige resultaatgerichte persoonlijkheden die van zichzelf en anderen topprestaties vragen. Alfa is een biologische term en heeft betrekking op het dominante, vaak agressieve mannetje dat leider is van de groep. De term wordt binnen de organisatieliteratuur gebruikt voor mensen met typische leiderschapskwaliteiten. Ze hebben de neiging fouten te ontkennen, door te drammen en niets te leren. En vaak gaat een en ander ten koste van hun medewerkers. Het zou hun ontbreken aan sociale intelligentie.

Stap 1
Neem een typische werkdag als voorbeeld en laat deze als een soort film de revue passeren, bij voorkeur met de agenda bij de hand. Laat de coachee vertellen: over het werk aan het bureau, over vergaderingen, contacten met collega's, behandelen van post, mails, informatie, het schrijven van rapporten, het nemen van beslissingen, het adviseren, het werk buiten kantoor (bijvoorbeeld bij klanten), informele gesprekken, ontstane problemen, successen en mislukkingen op zo'n dag, het omgaan met ad-hocsituaties en verrassingen, met verveling en hiërarchie. De coach noteert wat opvalt (wat betreft gedragspatronen, problemen, oplossingsstrategieën, emotionele reacties, successen). Deze notities en observaties worden bewaard voor een vervolggesprek.

Stap 2
Spontane zelfinschatting van de werkstijl aan de hand van het volgende zelfinschattingsformulier. Het middelpunt van de cirkel is gedefinieerd als 0, de buitenste cirkel staat voor 10. Voor de zelfinschatting krijgt de coachee een kopie van het volgende zelfinschattingsformulier, met begripsbeschrijvingen, zodat hij de cirkel zelf kan invullen.

Stap 3
Vervolgens worden de punten op de assen met elkaar verbonden. De coachee krijgt de tijd om eventuele wijzigingen aan te brengen.

Stap 4
De uitslag wordt besproken. Waar zitten de sterke kanten van iemands werkstijl, waar de minder sterke? De valkuilen? Hoe afgewogen was de beslissing? Welke kanttekeningen zijn erbij te plaatsen? Welke elementen van de werkstijl zijn te geprononceerd? Aan welke elementen kan meer aandacht besteed worden?
Wat valt op aan de kenmerken ter linker- en ter rechterzijde? Boven en onder?

Stap 5
Het gesprek concentreert zich op verbeteringen.
Een belangrijke stap daarbij kan zijn: eerst informatie verzamelen over de eigen werkstijl aan de hand van feedbackverzameling bij collega's en klanten. Is de zelfinschatting van de coachee identiek aan die van anderen of juist niet?

Stap 6
Maak een actieplan.

TOEPASSING

Zelfinschattingsformulier werkstijlen
Beoordeel de verschillende stijlkenmerken op een schaal van 1 tot 10 en vul de beoordeling in op de betreffende as.

Initiërend
Gaat actief op de dingen in, proactief, beslist zelf, voelt zich zelfstandig, ontwikkelt wegen en doelen, ziet mogelijkheden.
Slaat door naar egocentrisch handelen, opdrachten dicteren, over anderen heen walsen (de dictator).

Visionair
Heeft zijn blik gericht op de toekomst, onderzoekt wat komen kan, oriënteert zich op (nieuwe) doelen en ontwikkelt strategieën, staat open voor nieuwe dingen.
Slaat door naar het ophemelen van toekomstige mogelijkheden en houdt zich uitsluitend bezig met vernieuwingen (de utopist).

Spontaan
Gaat met de 'flow' mee, is creatief en flexibel, heeft behoefte aan vrije ruimte voor zichzelf, handelt emotioneel, impulsief.
Slaat door naar het chaotische, alles loopt door elkaar, er is geen touw meer aan vast te knopen (de chaoot).

Specialistisch
Is op onderdelen gericht, neemt veel tijd en energie voor de start of de afsluiting van een activiteit, maakt de zaken concreet, ziet fouten in de details. Slaat door naar te detaillistisch, werkt te lang aan kleinigheden, geen balans tussen engagement en taakgerichtheid, komt niet meer tot de kern van de zaak (de detaillist).

Volgzaam
Wacht af, voegt zich naar bestaande structuren en regels, is reactief, handelt op verzoek, past zich aan, laat anderen beslissen.
Slaat door naar afhankelijkheid, verstarring, voelt zich buitengesloten (de passieveling).

Behoudend
Blikt graag terug, neemt het verleden als maatstaf, wil resultaten bewaren en vasthouden.
Slaat door in zijn aandacht voor het verleden: toen deden we het zo, toen deden we het beter, anders. Neemt normen en voorschriften als maatstaf (de traditionalist).

Systematisch
Gericht op ordening, werkt met tabellen, schema's en checklists. Oriënteert zich op structuren en logica, is precies en exact.
Slaat door in het planmatige, in ordening voor alles (de perfectionist).

Generalistisch
Heeft het totaaloverzicht, oriënteert zich op de grote samenhang, de rode draad, de ontwikkeling hiervan.
Slaat door in complexiteit en luchtkastelen bouwen, verstrikt zich in te abstracte concepten (de abstracte denker).

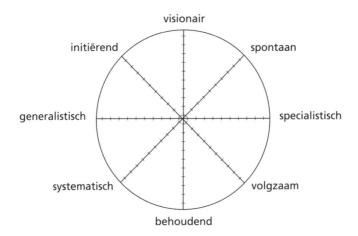

Figuur I   Werkstijlen

TIPS EN VARIATIES

1 Voorgaande uitwerking doet aan de teamtypologie van Belbin (2001) denken. De uitwerking van iemands stijl als teamlid kan aanvullend werken op voorgaande methode.
2 Ook de typologie van het enneagram (Ofman & Van der Weck, 2000) kan hierbij gebruikt worden.
3 Soms blijkt dat de coachee zelf andere stijlkenmerken dan de genoemde duidelijk naar voren schuift. Dat is van belang voor het vervolggesprek.

LITERATUUR

▷ Belbin, R.M. (2001). *Teamrollen op het werk* (4e druk). Academic Service, Schoonhoven.
▷ Ludeman, K. & E. Erlandson (2006). *Alpha Male Syndrome.* Harvard Business School Press, Boston.
▷ Ofman, D. & R. van der Weck (2000). *De kernkwaliteiten van het Enneagram.* Scriptum Management, Schiedam.
▷ Vogelauer, W. (2001). *Methoden-ABC im Coaching; praktisches Handwerkszeug für den erfolgreichen Coach.* Luchterhand Verlag, Niewied.

Omgeving en gedrag

TOOL 9 TIJDMANAGEMENTMATRIX: PRIORITEITEN LEREN STELLEN

INDICATIES

▷ Coachees met vragen rond de organisatie en prioritering van hun werk (en privé).
▷ Coachees met stressverschijnselen (depressie, midlifecrisis, burn-out).
▷ Coachees met behoefte aan structuur en zekerheid.

DOELSTELLINGEN

▷ Inventariseren prioriteiten in werk en privé.
▷ Bewustwording van eigen prioriteringswijze.
▷ Leren organiseren en uitvoeren op basis van een nieuwe prioriteitsstelling met aandacht voor zaken die belangrijk maar niet dringend zijn.
▷ Ontwikkelen van effectief leiderschap.

DE TOOLS

TOELICHTING
Covey beschrijft in *De zeven eigenschappen van effectief leiderschap* (2001) vier generaties tijdmanagement. Zijn gedachte is dat we met onze huidige tijdsindeling voortbouwen op verworvenheden van vorige generaties en steeds beter in staat zijn ons leven efficiënt in te richten. De golfbeweging van het tijdmanagement in de geschiedenis loopt van rapporten en nota's naar agenda's en kalenders, van bepaling van waarden en van doelstellingen naar de organisatie van onszelf en realisatie van onze eigen verwachtingen en zelfontplooiing. Covey koppelt deze gedachte aan de *cirkel van invloed*, waarmee hij bedoelt dat we ons leven vormgeven langs de weg van beïnvloeding van juist die dingen die we ook werkelijk beïnvloeden kunnen. Het gaat bij de huidige vierde generatie golfbeweging niet meer om tijd en efficiëntie, maar om het verbeteren van relaties en resultaten. Dat noemt Covey *effectief leiderschap*.

In de volgende matrix (overgenomen uit Covey, 2001) vult de coachee linksboven in wat *dringend en belangrijk is (kwadrant I)*. Ieder telefoontje kan belangrijk zijn, iedere vraag van je chef evenzeer. Er zijn veel belangrijke en dringende zaken: er is geld mee gemoeid, politiek gewin, je eigen carrière, je target of een vraag van een klant. Er moet veel, en dat is allemaal dringend en belangrijk.
In *kwadrant II* worden de *niet-dringende, maar wel belangrijke zaken* opgesomd. Die nota, dat boek, dat bezoek aan die zieke collega, dagje vrij, tijd voor relaties, rust om de zaken eens op een rijtje te zetten, visieontwikkeling, bezoek aan je coach enzovoort.
Vervolgens laat je *kwadrant III* invullen: *dringend, maar onbelangrijk*. Je voorkomt hier dat je mensen teleurstelt. Het betreft leeswerk, met iedereen praten, onnodige vergaderingen, te uitgebreide offertes en acquisities, incidenten, telefoontjes.
Kwadrant IV is voor *niet-dringende, onbelangrijke kwesties*. Koffieleuten, wandelgangen, sommige telefoongesprekken en bijeenkomsten, recepties, mails (te) nauwgezet behandelen.

Covey stelt dat mensen die hun tijd effectief besteden (effectief in de zin van relatie- en resultaatgericht, de vierde golf) in kwadrant I en II werken (vooral in kwadrant II, want daar zit de kern van het effectieve persoonlijke management). Een hoofdaccent op de kwadranten III en IV is alarmerend!

TOOLS VOOR DE COACH

Tijdmanagementmatrix		
	Dringend	**Niet dringend**
Belangrijk	I	II
	Activiteiten Crises Urgente problemen Projecten met een deadline	*Activiteiten* Voorzorgsmaatregelen PM-activiteiten Werken aan relaties Nieuwe mogelijkheden onderzoeken Planning Recreatie
Onbelangrijk	III	IV
	Activiteiten Interrupties Sommige telefoontjes Sommige post Sommige rapporten Sommige vergaderingen Aanstaande kwesties Aardigheden tegenover anderen	*Activiteiten* Beuzelarijen Sommige post Sommige telefoontjes Tijdverdrijf Plezierige activiteiten

Figuur J   Tijdmanagementmatrix (naar Covey)

Het is van belang dat de coachee de matrix zo eerlijk mogelijk invult en zichzelf (of de coach!) niet voor de gek houdt door sociaal wenselijke antwoorden te geven.

TOEPASSING

De matrix in figuur K is ingevuld door Erica, afdelingsmanager op een bank. Ze ervaart in haar dagelijks werk een grote prestatiedruk. Ze voelt zich onvoldoende gesteund door management en medewerkers. Ze heeft het idee dat ze overal alleen voor staat.

Tijdmanagementmatrix van Erica

	Dringend	Niet dringend
Belangrijk	I	II
	Activiteiten Afdelingstarget MT-overleg Afdelingsoverleg Missie Strategisch beleidsplan Huisvestingsnota Functioneringsgesprekken Externe activiteiten Mails tijdig afwerken Tijd voor mijn kinderen	*Activiteiten* Werkklimaat Intervisiegroep Managementcursus Nieuwe beleidsnota over de balans werk-privé Vakantie vaststellen Nieuwe bonusregeling Evaluatie van klantencontacten Contact met personeel
Onbelangrijk	III	IV
	Activiteiten Huisvestingsoverleg Mobiele telefoon Mails Regeling leaseauto ARBO-plan Overleg met mijn chef	*Activiteiten* Gezellige kletspraatjes Netwerken Uitgestelde afspraken Mijn vrouwencontactgroep Ziekteregistratieplan Schilderijen lenen van de kunstuitleen

Figuur K   Bewerkte tijdmanagementmatrix

In de bespreking met haar coach worden een paar dingen heel duidelijk. Kwadrant I is overvol en kwadrant II sneuvelt onder de tijdsdruk.
De iets minder dringende zaken uit kwadrant III worden niet aangepakt vanwege de tijdsdruk die extreem tot uiting komt in de invulling van kwadrant IV. Dit kwadrant geeft geen energie meer.

Door dit inzicht is Erica in staat stap voor stap haar koers bij te stellen en ruimte te maken in kwadrant II en het gevoel van 'geen tijd' in balans te brengen met de dringende kwesties.

Haar werk opnieuw leuk gaan vinden werd de rode lijn voor de bepaling van de prioriteiten, met personeel als groot aandachtspunt, inclusief tijd en ruimte voor zichzelf.

De tijdmanagementmatrix kan vervolgens ingevuld worden op basis van een nieuw toekomstbeeld.

TIPS EN VARIATIES

1. Het betrekken van de *cirkel van invloed* en de *cirkel van betrokkenheid* van Covey ondersteunt het verkrijgen van inzicht in meer proactief gerichte effectiviteit.
2. De matrix kan het beste al pratend voor een flip-over ingevuld worden, waarbij de coachee de sleutelwoorden steeds opschrijft. Daardoor wordt het een eigen verhaal, opgeschreven in eigen woorden, dat uiteraard van voorgaand voorbeeld kan afwijken. Dat is geen probleem als het gericht is op analyse van de werkelijkheid en proactiviteit.
3. De proactiviteit van de coachee wordt benadrukt door het invullen te zien als een realiteitstoetsing en de tweede uitwerking te zien als een wens die stapsgewijs gerealiseerd moet worden.
4. De tijdmanagementmatrix kan de coachee ook thuis invullen en naar een volgend gesprek meenemen.

LITERATUUR

▷ Covey, S.R. (2001). *De zeven eigenschappen van effectief leiderschap* (15e druk). Business Contact, Amsterdam.
▷ Covey, S.R. (2005). *De achtste eigenschap. Van effectiviteit naar inspiratie.* Business Contact, Amsterdam.
▷ Karsten, C. (2003). *Omgaan met burnout. Preventie, hulp en reïntegratie* (10e druk). Elmar, Rijswijk. (Over toepassing managementmatrix als structureringsoefening bij burnout.)

Omgeving en gedrag

TOOL 10 INFERENTIELADDER: OVER VOOROORDELEN EN BLOKKERENDE OVERTUIGINGEN

INDICATIES
▷ Praten en denken in termen van vooroordelen en blokkerende overtuigingen (de schuld bij de ander leggen).
▷ Gering vermogen tot (zelf)analyse.
▷ Moeite om anders naar anderen te kijken.

DOELSTELLINGEN
▷ Verhelderen van vooroordelen en eigen (blokkerende) overtuigingen.
▷ Ontwikkelen van gedrag waarmee het vastlopen in vooroordelen en overtuigingen voorkomen kan worden.
▷ Open communicatie bewaren.

TOELICHTING
Het vijfde discipline praktijkboek van Peter Senge is gericht op effectief organiseren van en onconventioneel vormgeven aan verandering. Vanuit het systeemdenken komt Senge in een aantal stappen tot persoonlijk meesterschap in de lerende organisatie. De oefening die hier uitgewerkt wordt om vooroordelen en overtuigingen te verhelderen, wordt de *inferentieladder* genoemd; letterlijk betekent inferentie gevolgtrekking. De gedachte is dat mensen op basis van een waarneming gevolgtrekking na gevolgtrekking maken en zichzelf daarmee vastzetten, vaak zonder het te weten, als een automatisme. Als we deze valkuil in onszelf kunnen aanpakken, zijn we op weg naar persoonlijk meesterschap.
Senge betoogt dat we ons hele leven overtuigingen ontwikkelen die nauwelijks getoetst worden. We zijn ervan overtuigd dat een bepaalde overtuiging de waarheid is! De gegevens die we selecteren om onze overtuiging te bewijzen, zijn echte en ware gegevens, denken we. De cirkel is rond en het vooroordeel is geboren of opnieuw bevestigd.
Dat maakt het lastig om open en eerlijk naar collega's, je partner, je kinderen, de buren of je baas te kijken.
Senge heeft deze logica van gevolgtrekkingen in een ladder weergegeven. Lees de ladder van onder naar boven.

TOOLS VOOR DE COACH

Figuur L   Inferentieladder

Het is bij deze tool vaak verbazingwekkend te zien hoe je met behulp van de ladder je eigen gedrag kunt analyseren en het inzicht kunt ontwikkelen waar het fout gaat en hoe dat te veranderen is.

TOEPASSING

De casus van Janny
Het team zit om negen uur klaar voor de vergadering. Nog een praatje, nog even een kop koffie. We wachten niet op Willem hoor, roept iemand. We gaan beginnen, zegt de teamleider. Om kwart over negen begint de vergadering en om half tien komt Willem binnen, pakt snel een kop koffie en gaat zitten zonder iets te zeggen. Janny, zijn directe collega, voelt zich onmiddellijk geïrriteerd.

Na 5 minuten onderbreekt Willem het gesprek door te informeren welk besluit er genomen is ten aanzien van agendapunt 1, dat hij jammer genoeg gemist heeft (zegt hij). De teamleider gaat er uitvoerig op in. Willem geeft aan niet blij te zijn met het besluit, want zijn kennis over deze kwestie is onvoldoende gehonoreerd. Je was er ook niet, ligt het bij Janny op het puntje van haar tong, maar ze zegt het niet. Dat zou zo snibbig klinken, net of ze het hem niet gunt.

De discussie rond punt 1 van de agenda loopt zowaar uit op een nieuw besluit. Dit is toch te gek, denkt Janny, arrogante kwast, hij oefent gewoon macht uit, hij windt de teamleider om zijn vinger. De volgende keer zeg ik er iets van! Hij heeft het weer mooi voor elkaar gekregen en niemand zegt er iets van...

Voorgaande uitspraken en gedachten zijn in de ladder in figuur M geplaatst.

Figuur M Uitgewerkte inferentieladder

Stel dat Janny bij haar coach was en dat ze samen de ladder in figuur M hebben uitgewerkt, dan kunnen ze de volgende thema's bespreken:
1 Bepalen wanneer in haar waarneming de oordelen een rol gaan spelen. Waar worden oordelen echte vooroordelen?
2 Onderzoeken op welke wijze Janny kan voorkomen dat haar oordelen zich versterken, maar niet besproken worden.
3 Bespreken hoe Janny de patstelling met Willem kan doorbreken om weer effectief met elkaar te kunnen communiceren.
4 Bespreken wat de waarde is van de overtuigingen van Janny. Helpen deze haar? Staan ze ook wel eens in de weg? Kunnen ze haar gedrag (naar Willem toe) ondersteunen?

Tijdens hun bespreking kunnen Janny en haar coach al tekenend de ladder uitbreiden. Deze visuele ondersteuning helpt om de analyse en de voornemens concreet te maken.

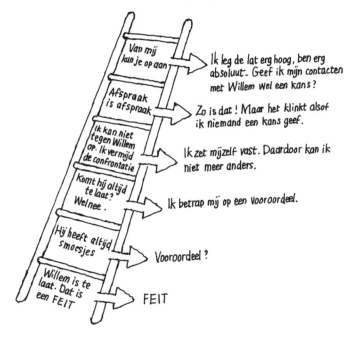

Figuur N Inferentieladder met nieuwe inzichten

TIPS EN VARIATIES
1 Ga naast elkaar zitten voor een flip-over of voor een A4'tje.
2 Een variatie is dat de coachee een blad papier voor zich neemt en dit van boven naar beneden in tweeën vouwt (of een streep trekt). Vervolgens schrijft de coachee in de linkerkolom het betreffende gesprek (de coachingsvraag) zo feitelijk mogelijk op. Dan worden in de rechterkolom alle gedachten weergegeven die de coachee had bij de verschillende fasen in het gesprek.
Deze tekst (15 minuten schrijftijd) wordt gehanteerd als voorwerk voor het invullen van de ladder.

LITERATUUR
▷ Senge, P. e.a. (2000). *Het vijfde discipline praktijkboek. Strategieën en instrumenten voor het bouwen van een lerende organisatie.* Academic Service, Schoonhoven.

2.3 Tools gericht op ontwikkeling van vermogens en overtuigingen

Vermogens en overtuigingen

TOOL 11 ATLAS VAN DE BELEVINGSWERELD: EEN CREATIEVE REIS NAAR HEDEN, VERLEDEN EN TOEKOMST

INDICATIES
▷ Coachees die tot een grotere bewustwording kunnen komen door:
- creatieve en fantasievolle activiteiten;
- reflectieve, vertellende werkwijze;
- taak- en gevoelsgerichte analyse.

DOELSTELLINGEN
▷ Op creatieve wijze verduidelijken van een coachingsvraag.
▷ Materiaal ontwikkelen om perspectieven te ontwerpen en daarop te reflecteren.
▷ Feiten en gevoelens verhelderen rondom de vraagstelling.

TOELICHTING
Met deze werkwijze wordt letterlijk anders gekeken naar de wereld (en naar je eigen wereld).
Traditionele landkaarten worden vervangen door begrippen, ideeën en aspecten van het leven. Het menselijk bestaan wordt in kaart gebracht.
Werken met de ideeën en beelden van de Atlas maakt het mogelijk om al tekenend de reis uit te beelden die samenhangt met het geformuleerde coachingsvraagstuk. Zo'n reis valt uiteen in drie delen:
1 verleden (oorzaken, reeds gevonden oplossingen, ontdekte valkuilen);
2 heden (het probleem in het hier en nu, de samenhang);
3 toekomst (opties, keuzes, verkenning van mogelijke scenario's).

Na een toelichting op de methode wordt de tekening vormgegeven.
Als ondersteuning is het sterk aan te bevelen het boek *Zakatlas van de Belevingswereld* (Van Swaaij & Klare, 2004) ter lezing aan te

bieden en de daarin opgenomen tekeningen als inspiratiebron te gebruiken.

De coachee tekent zijn eigen reis en zijn eigen landkaart: over toppen van bergen en door diepe dalen, door onpeilbare zeeën en langs modderstromen, op weg naar de hemel of naar ondergrondse krochten, op weg naar een nieuw perspectief, een nieuw doel. Hoewel, het gaat nooit om het doel op zich, maar over de afgelegde weg. Zoals een mooi Soefi-verhaal vertelt: een vrouw had maanden gereisd en vele ontberingen doorstaan op zoek naar de Vallei der Eeuwig Bloeiende Bloemen. Dan ontmoet zij een Soefi-meester. Uitgeput vraagt zij hem de weg naar de Vallei. 'Ach vrouw,' zegt hij, 'je bent er voorbij gekomen. Heb je de vallei dan niet gezien?'

Vragen ter ondersteuning van het tekenen van de landkaart kunnen zijn:
- Vanwaar ben je vertrokken (bijvoorbeeld loopbaan; huidige werkkring)?
- Welke wegen heb je bewandeld (bijvoorbeeld studie, hard werken, strategisch inzicht)?
- Indien relevant: Hoe ben je omgegaan met relaties, vriendschappen? Op welke wijze speelt je privéleven een rol?
- Wat heb je allemaal meegemaakt? Wat heb je geleerd? Waar ben je trots op? Waar ben je ontevreden over?
- Hoe lag je tempo? Wisselend? Snel of langzaam?
- Hoe was het weer? Stormachtig en zwaar of warm en licht?
- Wat is nu de barrière? Je valkuil? De rots op de weg?
- Waar wil je naartoe? Welke mogelijkheden heb je? Welke routes kun je ontwerpen?
- Wat zijn je kansen? Welke route heeft je voorkeur?

Inspiratie voor tekenwerk valt te halen uit de volgende elementen:
- werk/loopbaanontwikkeling;
- familie/partner/vrienden, vroeger en nu;
- emoties, gevoelens, zingeving;
- leren en leven;
- keuzes maken.

De belevingswereld van de coachee omvat:
- zeeën aan mogelijkheden;
- geheimen;
- kennis en wetenschap;
- doen en laten;
- krachten en successen;
- ideeënstromen;
- vergeten gebieden, verveling;
- bergen van werk;
- groei en ontwikkeling;
- leegte, stilte;
- ontberingen en avontuur;
- het grote genieten;
- visioenen.

Kopieer deze vragen en sleutelwoorden voor de coachee.

TOEPASSING

Een tekening en een verhaal
In figuur O staat de tekening van een coach in opleiding bij de afronding van haar eigen coachingstraject, gevolgd door haar commentaar op haar eigen 'belevingsatlas'.

DE TOOLS

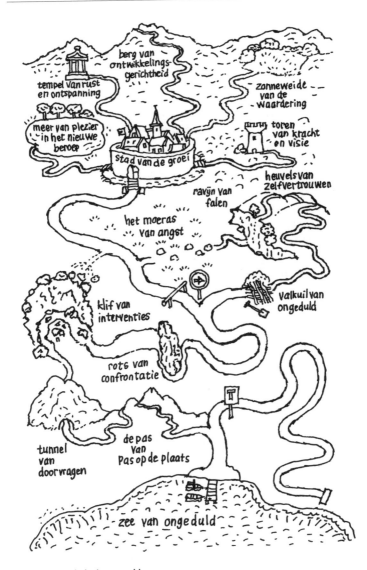

Figuur O Mijn belevingswereld

'Ik wil mijn tekening graag toelichten. De Zee van Ongeduld betekent voor mij het zoeken naar echte verbinding in een gesprek, dat ging vaak zo moeizaam op mijn werk. Alsof ik de kloof tussen manager en medewerker maar niet overbruggen kon. Ik bleef maar in mijn managers-ivoren-toren zitten.

Ik kon aanvankelijk geen opleiding vinden die daar een antwoord op had. En toen ik deze gevonden had, moest ik nog vier maanden wachten voordat ik kon beginnen! Ik barstte van ongeduld, alles moest direct anders!
Ik beklom vanaf de eerste dag de Pas op de Plaats, dat wil zeggen, ik vroeg me af: Wie ben ik nu eigenlijk? Heb ik het mijn hele leven wel goed gedaan? Of heb ik juist alles fout gedaan? Ik ging twijfelen aan mezelf. Ik wierp mij op het leren van nieuwe coachingsvaardigheden zoals doorvragen, luisteren, interveniëren enzovoort, om op die manier een echte vakvrouw te worden. Dacht ik. Ik liep opnieuw tegen de valkuil van mijn ongeduld aan. Vanaf dat moment ben ik met mezelf aan het werk gegaan. Hoe zit ik in elkaar? Waar geloof ik in? Waar ben ik goed in? Wat heeft mijn levensgeschiedenis te vertellen, mijn werk? Wat ga ik uit de weg? Onzekerheid en angst bijvoorbeeld en trots zijn op wie ik ben en wat ik kan. Het zijn in mijn tekening steeds omweggetjes die terugleiden naar de hoofdweg: coach worden. Uiteindelijk kom ik in de Stad van de Groei. Het is dan of ik alles na een jaar intensief leren op een rijtje heb staan. Ik heb ontzettend veel plezier in dit nieuwe vak van coach, ik zie mijn professionele ontwikkeling als coach voor de komende jaren scherp voor me, ik voel me sterk (en mag dus ook fouten maken en kan daar ook nog om lachen!). Ik krijg waardering van klanten en mensen om me heen en voel veel rust in mezelf.'

TIPS

1. Laat met kleur werken op minstens A4-formaat.
2. Lezen en gebruiken van de Atlas werkt zeer stimulerend.
3. De tekening is nooit af en mag altijd aangepast worden!
4. Coachees nemen hun tekening graag mee naar huis, eventueel zelfs om in te lijsten. Stimuleer dit!
5. Laat de coachee rustig tekenen; trek je terug (20-30 minuten).
6. Het is ook mogelijk de coachee de tekening thuis te laten maken, waarna een gesprek met de coach volgt.

LITERATUUR

▷ Swaaij, L. van & J. Klare (2004). *Zakatlas van de belevingswereld* (3e druk). Meteor Press/Hoofdzaken, Deventer. (Behalve de kleine zakatlas bestaat er ook een grotere uitgave in A4-formaat die handiger is bij het coachingsgesprek.)

Vermogens en overtuigingen

TOOL 12 BLOKKERENDE OVERTUIGINGEN: HET ONTWIKKELEN VAN EFFECTIEF GEDRAG

INDICATIES
▷ Geen zicht op eigen (voor)oordelen.
▷ Opheffen van blokkades.

DOELSTELLINGEN
▷ Onderzoeken van oordelen en/of patronen die verhinderen dat een bepaalde leerbehoefte of verandering gerealiseerd wordt.
▷ Effectief gedrag ontwikkelen om het toekomstbeeld vorm te geven.

TOELICHTING
Deze oefening is erop gericht te analyseren op welke wijze leerbehoeften geblokkeerd kunnen raken door niet-effectief gedrag en achterliggende aannames en overtuigingen. Wanneer op een dieper niveau benoemd kan worden welke zorgen, angsten en behoeften er werkelijk leven, is het mogelijk niet-effectief gedrag en ongewenste patronen te doorbreken en te komen tot realisatie van de leerbehoefte.

De uitwerking van de oefening is ermee gediend dat de coach veel vragen stelt, doorvraagt en onderzoekt wat met name de overtuigingen en aannames en de daaraan gekoppelde gevoelens van angst en afweer zijn. Pas dan kunnen vervolgstappen uitgewerkt worden.

Wanneer er in het gesprek niet gestart wordt vanuit een bepaalde vraag, maar omdat de coach stuit op een blokkerende overtuiging, kan de oefening gestart worden bij stap 4 en verder afgewerkt worden via stap 5, 6 en 7 en vervolgens stap 1, 2 en 3.

Stap 1
Verhelder je leerbehoefte. Probeer kort en helder te formuleren wat je wilt leren in maximaal één zin. Je wens wordt geformuleerd in een concrete vraag: Hoe kan ik...? Schrijf deze zin op in de matrix hierna.

Stap 2
Wat is je effectieve gedrag geweest tot op heden? Ga bij jezelf na welke acties en strategieën je op dit moment gebruikt om je leerbehoefte te realiseren.

Stap 3
Wat is je niet-effectieve gedrag? Op welke wijze weet je te realiseren dat je je leerbehoefte nog niet vervuld hebt? Welke (destructieve) strategieën en acties zet je daarvoor in?

Stap 4
Welke blokkerende oordelen zitten achter deze dialoog tussen effectief en niet-effectief gedrag? Wat hebben deze te maken met je zorgen, angsten, weerstanden? Wat vermijd je eigenlijk?

Stap 5
Wat is de winst van je gedrag? Op een of andere manier haal je winst uit je gedrag en dat belemmert je te veranderen.

Stap 6
De genoemde blokkerende overtuigingen (aannames, oordelen) beïnvloeden je gedrag, dus je emoties, gevoelens, vaardigheden en cognities.
Omschrijf je behoeften en je angsten/zorgen. Kloppen je overtuigingen werkelijk? Herformuleer zo nodig je overtuigingen of aannames.

Stap 7
Omschrijf nu je toekomstbeeld. Ontwikkel je acties om je (eventueel geherformuleerde) leerbehoefte tot een succes te maken. Welke (kleine) stap kun je maken? Wie of wat kan je daarbij helpen? Hoe en wanneer wil je je stap realiseren?

TOEPASSING

Onderzoek naar blokkerende overtuigingen en de opheffing daarvan

Stap 1 Verhelder je leerbehoefte
'Mijn leerbehoefte is om meer als collega te kunnen werken in het team waarvan ik deel uitmaak. Nu zijn we net een stelletje onge-

regeld en ik onttrek me dan ook aan diverse verantwoordelijkheden. Het is wel makkelijk zo, maar er zit ook geen ontwikkeling in...
Hoe kan het team meer een team worden en wat is mijn aandeel daarin?'

Stap 2 Beschrijf je effectieve gedrag
'Tja, ik heb eigenlijk nog niet zoveel gedaan om een betere collega te zijn. Ik ben wel altijd op tijd bij vergaderingen, hoewel dat niet bepaald de cultuur is. En ik denk altijd aan verjaardagen en zo. Laatst heb ik een stuk geschreven over teamontwikkeling, dat moeten we nog bespreken, maar het ligt er alweer een tijdje... En vanuit het team komt geen enkel initiatief, ze vinden het wel prima zo.'

Stap 3 Beschrijf je niet-effectieve gedrag
'Eerlijk gezegd, als ik onder een vergadering uit kan komen, doe ik het. En ik spui mijn ongenoegen op de gang zonder er iets mee te doen. Het wordt eigenlijk een soort roddelen. Ik wil vooral een aardige collega gevonden worden en niet te veel opvallen. Zo gaat dat ook met het stuk dat ik geschreven heb, te algemeen, te vaag. En ik heb het ook niet onmiddellijk op de agenda laten zetten. Ik vind het moeilijk om met mijn teamleider hierover te praten, bijvoorbeeld door een echte afspraak te maken.'

Stap 4 Beschrijf je blokkerende overtuigingen
'Het bespreken van collegiaal werken in ons team leidt tot conflicten, dat weet ik zeker. Conflicten zijn niet goed voor de sfeer en voor de resultaten en dan worden we helemaal geen team. Conflicten moeten beheerst worden en dat kunnen we niet, ook de teamleider niet. Werken als team vraagt ook om engagement en om inzet. Dus krijg ik meer werk! En ik heb het nu al zo druk. Dat levert me alleen maar stress op. Niemand wil echt een ander en beter team!
Als ik op deze ontboezeming terugkijk, zie ik de volgende oordelen bij mezelf:
▷ conflicten zijn niet goed voor de sfeer in het team;
▷ we kunnen conflicten niet beheersen;
▷ meer inzet geeft meer werk en ik heb het al zo druk;
▷ niemand wil een beter team.'

Stap 5 Beschrijf je winst
'Het is zoals het gaat wel overzichtelijk. Als het te druk of te veel wordt, verstop ik me even. En we hebben nu geen ruzie of conflict, dat haat ik. Mijn eigen werk gaat lekker. Ik kom zonder kopzorgen thuis!'

Stap 6 Beschrijf je angsten, zorgen, blokkades en behoeften
'Het wordt me wel duidelijk: ik ben bang voor conflicten en ga daarmee verandering uit de weg. Terwijl mijn behoefte juist is mijn engagement te tonen en vanuit die teambetrokkenheid meer te presteren. Wat ik wil, is mezelf engageren zonder in de weg gezeten te worden door irreële angsten en onzekerheden. Ik wil er toch minstens over práten met mijn teamleider en de collega's.'

Stap 7 Beschrijf je toekomstbeeld
'Mijn beeld is: volgende week mijn herschreven notitie te bespreken en de conclusies helder te verwoorden. Vooral: wat is de winst van meer als team werken? Gewoon concrete oplossingen zoeken om meer collegiaal te kunnen werken, intervisie, scholing, een dagje uit! En aangeven wat ik zelf zou kunnen betekenen. Ik ga met mijn teamleider in gesprek om zijn steun te krijgen. Ik ga achter deze voornemens staan!'

Matrix blokkerende overtuigingen

Stap 1
Verhelder je leerbehoefte ....

Stap 2
Beschrijf je effectieve gedrag ....

Stap 3
Beschrijf je niet-effectieve gedrag ....

Stap 4
Beschrijf je blokkerende overtuigingen ....

Stap 5
Beschrijf je winst ....

Stap 6
Beschrijf je angsten, zorgen, blokkades en behoeften ....

Stap 7
Beschrijf je toekomstbeeld (zo concreet mogelijk) ....

TIPS EN VARIATIES

1 Het is een prettige werkwijze om, naast de coachee gezeten, samen al associërend en schrijvend het werkformulier in te vullen.
2 Het toekomstbeeld kan ook (apart) uitgewerkt worden in een droombeeld, een toekomstfantasie, en SMART gemaakt worden.

LITERATUUR

▷ Cursusmateriaal van de opleiding Trainer als Coach van de Associatie voor Coaching (2000-2004).
▷ Korrel, M. (2003). *Het begeleiden van effectieve leerprocessen. Over interventiekunde, de waarde van weerstand en de interventiekaart als wegwijzer.* Nelissen, Soest.

Vermogens en overtuigingen

TOOL 13 GEWELDLOZE COMMUNICATIE: EERST VOELEN, DAN JEZELF UITSPREKEN

INDICATIES
▷ Coachees met geblokkeerde oordeelsvorming en vooroordelen die een open blik op hun eigen probleemstelling onmogelijk maken.
▷ Coachees die cirkelredeneringen toepassen (steeds hetzelfde verhaal vertellen).
▷ Coachees met een herkenbaar gewelddadige communicatiestijl (agressief, dwingend, eisend, veroordelend).

DOELSTELLINGEN
▷ Leren directe oordeelsvorming te vermijden (patroondoorbreking).
▷ Leren bij jezelf en je eigen waarnemingen, behoeften en vragen te blijven.
▷ 'Geweldloos' communiceren door bewust te worden van de werking van de taal.

TOELICHTING
Deze methode is afkomstig uit het gedachtegoed van de geweldloze communicatie die ontwikkeld is door Marshall Rosenberg, een leerling van de bekende Amerikaan Rogers. Rosenberg gaat ervan uit dat veel waarnemingen niet sec als gedrag geobserveerd worden, maar snel als een oordeel worden geformuleerd ('Doe niet zo raar!'). Dit patroon van directe oordeelsvorming is te doorbreken wanneer het gedrag eerst gekoppeld wordt aan het *ervaren gevoel*. Dan is het mogelijk de eigen behoefte te onderzoeken die vervolgens in een eigen wens/vraag verwoord wordt. Ons taalgebruik zit vol met oordelen, eisen en het ontlopen van verantwoordelijkheid, waardoor onterechte druk bij een ander neergelegd wordt, ruimte voor reactie wordt ingeperkt en echte communicatie niet op gang komt.

Als voorbeelden een aantal uitspraken:
▷ Dat is toch niet normaal! (oordelend).
▷ Wil je deze rotzooi meenemen? (eisend).
▷ Hij verdient straf voor deze fout (goed/kwaad-oordeel).

▷ Ik heb gelogen tegen hem omdat ik dat moest van mijn chef (geen verantwoordelijkheid nemend).
▷ Jij kunt me toch niet begrijpen!
▷ Dat heb je niet slim aangepakt!
▷ Dat staat zo in de computer!
▷ Dat is nu eenmaal het beleid...
▷ Er zijn veel collega's die het met me eens zijn!
▷ Wat heb je aan een cursus geweldloze communicatie!
▷ Jij draagt geitenwollen sokken, zie ik...

Stap 1   De waarneming
Beschrijf je waarneming, het gedrag zoals zich dit aan jou heeft voorgedaan. Het gaat om de feitelijke beschrijving, niet om interpretaties, oordelen, suggestieve opmerkingen en dergelijke.
Het kan ook zijn dat je een letterlijk citaat kunt geven.
Dit is een cognitieve actie: er wordt een beroep gedaan op logica, geheugen, het hoofd, het denken. Als er een oordeel gekoppeld wordt aan deze beschrijving, spreek het uit, maar parkeer het.

Stap 2   Het gevoel
Welk gevoel heeft de feitelijke opmerking bij je opgeroepen? Het moet werkelijk om een gevoel of een emotie gaan. 'Ik voel me voor de gek gehouden' is geen gevoel. Het onderliggende gevoel is waarschijnlijk boosheid. Zinnen die met 'ik voel' beginnen, moet je wantrouwen. Onderscheid gevoelens en emoties van cognitief geformuleerde gevoelens of schijngevoelens. Probeer bij het authentieke gevoel te komen door tijd te nemen en je te concentreren op je hartstreek. Leg bijvoorbeeld een hand op je hart.

Stap 3   Welke behoefte heb je?
Mensen die geweld in de communicatie voelen door oordelen van een ander hebben bijvoorbeeld de behoefte aan erkenning, delen, verbinden, tederheid en warmte, zorg, (fysieke) expressie, rust en ruimte, inspiratie, liefde, ordening enzovoort. De ruimte wordt hun ontnomen en de behoefte wordt de kop ingedrukt. Oordelen van een ander blokkeren je immers in je reacties.

Stap 4   Het verzoek
De behoefte wordt vertaald in een verzoek, als een ik-boodschap. Een goed verzoek, een vraag, een wens, moet voldoen aan de volgende criteria:
▷   positief geformuleerd;
▷   zo concreet en specifiek mogelijk geformuleerd;
▷   in het hier en nu;
▷   met een intentie tot verbinding.

Het verzoek is een ik-boodschap, geeft ruimte en is niet verwijtend van toon. Dat laat overigens onverlet dat een redelijk verzoek ook met nee beantwoord kan worden. Dan is het in ieder geval duidelijk!

TOEPASSING

Voorbeelduitwerking

Stap 1   De waarneming
'Dat is nu eenmaal het beleid' (zegt mijn chef).
'Daar heb je hem weer...', denk ik (oordeel!).

Stap 2   Het gevoel
'De opmerking van mijn chef doet me de moed in de schoenen zinken. Ik voel me direct moe, zonder energie, uitgedoofd terwijl ik zo'n goed idee had!'

Stap 3   De behoefte
'Ik wil me geaccepteerd voelen in mijn eigen zoektocht naar het oplossen van problemen op het werk en niet steeds gewezen worden op grenzen, onmogelijkheden en dat zogenaamde beleid!'

Stap 4   Het verzoek
'Chef, ik wil graag dat je me ruimte geeft om goede oplossingen uit te proberen, daar krijg ik energie van en dat is voor jou en voor mij van belang.'

TIPS

Het Centrum Geweldloze Communicatie in Nederland geeft zelf ook enige kleine publicaties uit en heeft ook een cursusaanbod. Centrum Geweldloze Communicatie, Postbus 17102, 2502 CC Den Haag. Tel. (070) 3637 863.

LITERATUUR
▷ d'Ansembourg, T. (2006). *Stop met aardig zijn* (2e druk). Ten Have, Kampen.
▷ Rosenberg, M.B. (1992). *Geweldloze communicatie. Ontwapenend en doeltreffend* (2e druk). Lemniscaat, Rotterdam.
Leu, Lucy (2007). *Werkboek geweldloze communicatie.* Lemniscaat, Rotterdam.

Vermogens en overtuigingen

TOOL 14 INNERLIJK TEAM: ALLE STEMMEN SPREKEN

INDICATIES

▷ Persoonsgebonden dilemma's van de coachee ('Ik kom er niet uit!').
▷ Belangrijke aspecten van de vraagstelling op een rijtje krijgen.
▷ Keuzes maken, prioriteiten stellen.

DOELSTELLINGEN

▷ Verhelderen van de verschillende inhoudelijke en gevoelsmatige aspecten die deel uitmaken van een meer gecompliceerde vraagstelling.
▷ Verhelderen van krachten en tegenkrachten die van invloed zijn op de oplossing.
▷ Het waarderen van alle krachten (positief en negatief) in volgorde van belangrijkheid.
▷ Oplossen van innerlijke storingen en dilemma's.

TOELICHTING

Het innerlijk team als metafoor voor alle 'innerlijke stemmen' die medebepalend zijn voor een keus, is ontwikkeld door de Duitse hoogleraar Friedemann Schulz von Thun.

Het innerlijk team is uit te beelden bij persoonsgebonden vragen die zowel inhoudelijke als gevoelsmatige aspecten in zich dragen, bijvoorbeeld wanneer iemand voor een moeilijke beslissing staat. Met het tekenen van het innerlijk team worden elkaar steunende en elkaar bestrijdende krachten (bijvoorbeeld teamleden) in kaart gebracht en in tweede instantie in hun onderlinge verhouding geplaatst.

Inspiratiebronnen voor deze methode zijn de systeemtheorie en psychodrama. Bij het uitwerken van het innerlijk team spelen dan ook steeds de inhoudelijke én de emotionele ervaringen, gevoelens en reacties van de coachee een rol (verbeeld in stemmen en beelden).

In het verwoorden van de stemmen neemt de coachee als het ware de resultanten van zijn eigen innerlijke proces mee; de beschrijvingen van de stemmen zijn beschrijvingen die een optelsom zijn van een vaak al veel langer durend emotioneel en rationeel denkproces. In de tweede ronde is het ondersteunend naar deze motieven, ervaringen en gevoelens te vragen om het hele keuzeproces helder te krijgen.

Maak een tekening zoals figuur P1.
1   Beschrijf je dilemma.
2   De startvraag is: Wat gaat er in je om als je deze vraag stelt (dit probleem vertelt)? Is er een stem die zich als eerste meldt? Geef die stem een naam, bijvoorbeeld 'twijfelaar'. Teken de stem als een teamlid in een torso zoals in afbeelding P2 en beschrijf daarbij de kernzin die staat voor twijfel (in de ballon).

Figuur P1

3   Welke stemmen hoor je nog meer? Zet deze stemmen/teamleden eveneens in de tekening. De plaats doet er even niet toe. Vraag als coach goed door op deze stemmen, onderzoek feiten en gevoelens die ermee samenhangen. Wees waakzaam op andere stemmen die kunnen optreden in dit verhaal. De stemmen kunnen verbonden zijn met de persoon van de coachee, de organisatie met collega's, chefs e.d., gezin, familie en partner, maar ook met de maatschappelijk-politieke context rond de persoon. Het hele systeem kan hierbij meespelen.

Figuur P2

4 Waardeer de stemmen met een duidelijke naam (eigenschap): label duidelijk positief en duidelijk negatief. Neutrale stemmen spelen eigenlijk geen rol in dit team, maar kunnen even geparkeerd worden in de tekening in afwachting van een duidelijker uitspraak. Ieder teamlid heeft een eigen boodschap. Vraag dus steeds door! Wanneer alle stemmen van teamleden geplaatst zijn, is de tekening afgerond (zie afbeelding Q).

Tekening Q
1 Bij tekening Q wordt een nieuwe ordening aangebracht (nieuwe tekening), zodanig dat de *innerlijke groepsdynamiek* duidelijk wordt. Hoe verhouden de stemmen van de teamleden zich met elkaar? Wie staat centraal, wie steunt, wie strijdt en wie trekt zich terug of heeft een bijrol? De coach moet vooral in deze fase *empathisch, onpartijdig en kernachtig* ondersteunen en doorvragen.

DE TOOLS

Figuur Q

2   Door te focussen op de sterkste stem(men) van de teamleden krijgt de coachee helder welke krachten/drijfveren inspelen op zijn beslissing en kan hij gewetensvoller en bewuster een afweging maken ten aanzien van zijn uiteindelijke beslissing (zie tekening R).

Figuur R

3   De uiteindelijke teamopstelling wordt gevolgd door een actieplan.

TOEPASSING

Voorbeeldgesprek

Coachee: 'Ik heb een promotie aangeboden gekregen en ik weet werkelijk niet of ik dit nu wel wil...'
C: 'Wat gaat er in je om als je dit dilemma aan mij vertelt? Is er een stem die zich als eerste meldt?'
Cee: 'Ik word er helemaal niet zo blij van als ik gedacht had. Ik vind het aanbod wel strelend en positief, maar tegelijkertijd word ik er een beetje angstig onder. En het benauwt me.'
C: 'Het komt mij voor dat er meerdere stemmen een rol spelen in jouw vraagstelling. Zullen we ze eens onderzoeken?'
Cee: 'Oké, want ik heb het allemaal nog niet zo duidelijk op een rij.'
C: 'Ik kan me voorstellen dat je er onrustig van wordt. Zullen we eens kijken welke stem het hardste roept?'
Cee: 'Tja, dat is toch het stemmetje van de twijfel. Niet zozeer: "Kan ik het wel", maar: "Wil ik het wel." Het is een keus tussen management of verdere vakspecialisatie. En ik wil nog zoveel met mijn vak doen! Ik ben er nog lang niet mee klaar.'
C: 'Kun je deze stem een naam geven, maar dan in positieve zin?'
Cee: 'Deze promotie strijdt met mijn vakdeskundigheid, mijn idealisme op het gebied van mijn vak, mijn behoefte om inhoudelijk bezig te zijn, ja, noem het maar mijn "vakdeskundigheid".'

Inventariseer vervolgens de overige stemmen van de teamleden. In dit voorbeeld treden achtereenvolgens op: de winner ('Fantastisch, die promotie! Goed voor mijn carrière'), de angsthaas ('Kan ik dat echt?'), de scepticus ('Een manager krijgt alleen maar gezeur te horen'), de feministe ('Goed dat er weer een vrouw in het management komt!') en de moeder ('Ik wil maar vier dagen per week werken').

Het innerlijk team wordt gerangschikt. Welke stem is het duidelijkst (in positieve of in negatieve zin)? In ons voorbeeld blijkt de coachee over te hellen naar de stem van: 'Goed dat er weer een vrouwelijke manager bijkomt, dat kan in dit bedrijf veel betekenis hebben. Het is belangrijk voor mij nu een carrièrestap te zetten; ze steunen mij daarin!' Bespreek de uitkomst van tekening Q in termen van sterk/zwak of kansen en bedreigingen.

Afronding: maak een actieplan

TIPS

1. Laat de coachee in het hier en nu spreken en vanuit de ik-vorm, om aldus een grotere verbinding tot stand te brengen met wat er zich innerlijk in de coachee afspeelt. Uiteindelijk bepaalt de coachee steeds zelf welk label er gehangen wordt aan welke stem en hoe ze zich in tekening Q opstellen.
2. Gebruik A4-papier of een flip-over en viltstiften. Dat maakt de tekening duidelijk en leesbaar.
3. Om tekening Q snel te groeperen, is het ook mogelijk om met geeltjes te werken bij tekening P2.
4. Bij gebruik van A4-papier: ga naast elkaar zitten om samen op gelijkwaardige wijze de tekening te kunnen zien/lezen en uit te werken.
5. Teken altijd de stem/het teamlid met diens belangrijkste eigenschap en ook diens meest karakteristieke uiting (in het ballonnetje).

LITERATUUR

▷ Schulz von Thun, F. (2001). *Mit einander reden, 3. Das innere Team und situationsgerechte Kommunikation* (8e Aufl.). Rowohlt Taschenbuch Verlag, Reinbek bei Hamburg.

▷ Schulz von Thun, F. & W. Stegemann (Hrsg.) (2004). *Das innere Team in Aktion. Praktische Arbeit mit dem Modell.* Rowohlt Taschenbuch Verlag, Reinbek bei Hamburg.

Vermogens en overtuigingen

TOOL 15 MINDMAPPING: CREATIEF ASSOCIËREN

INDICATIES
▷ Ingewikkelde coachingsvragen bewerken.
▷ Samenhang en structuur aanbrengen.
▷ Prioriteiten stellen; keuzes maken.

DOELSTELLINGEN
▷ Onderzoeken van met elkaar samenhangende aspecten van een coachingsvraag (aanwezige kennis in kaart brengen).
▷ Al associërend en creërend de wezenlijke aspecten zichtbaar maken en met elkaar in verband brengen (overzicht krijgen).
▷ Verzamelen van reflectiemateriaal.

TOELICHTING
Mindmapping is een creatieve techniek die bestaat uit het zichtbaar maken van allerlei deelaspecten van een vraagstelling. Al associërend, schrijvend en tekenend worden gedachten, knelpunten, beelden, invallen, gevoelens genoteerd of getekend. Je maakt een 'kaart van de hersenen'.

Bij mindmapping ontstaan tegelijkertijd ook verrassende nieuwe verbanden of nieuwe ideeën. Ze ontstaan in sterkere mate wanneer gebruikgemaakt wordt van tekeningen en kleuren omdat dan een beroep gedaan wordt op 'het weten' uit de andere hersenhelft.

Mindmapping heb ik uitgebreid beschreven in mijn boek *Intervisie bij werkproblemen* (2005, p. 71).

Veel intervisiewerkvormen uit dit werkboek zijn eveneens eenvoudig toepasbaar te maken voor de coachingspraktijk en het tweegesprek. De mindmappingmethode is daar heel geschikt voor.

De uitwerking van deze werkvorm heb ik gericht op het reflecteren. Ik ben daartoe geïnspireerd geraakt door het boek *Reflectietools* (Benammer e.a., 2006) dat een aantal intervisiewerkvormen, waaronder enkele uit mijn *Werkboek intervisie* (2005), geschikt heeft gemaakt voor reflectie.

Stap 1
De coachee brengt zijn vraag in (zowel feiten als gevoelservaringen). Hij geeft de situatie weer in één of twee zinnen, dan de vraag/het probleem in één of twee zinnen en in één zin de vraag waarop gereflecteerd gaat worden.

Stap 2
Al associërend worden zoveel mogelijk deelaspecten van de vraagstelling benoemd en genoteerd (op flip-over). De coach helpt hierbij met doorvragen (zonder oordelen), neutraal, verkennend. Er kunnen clusters ontstaan rond de persoon en zijn weerstanden en mogelijkheden, rond zijn team, de organisatie, zingeving, toekomst enzovoort.

Stap 3
De verschillende aspecten worden gegroepeerd in clusters; dwarsverbanden worden zichtbaar gemaakt (met bijvoorbeeld een rode stift). De dwarsverbanden worden besproken.

Stap 4
Ga er – letterlijk – vóór zitten. Laat de mindmap tot je doordringen (stilte!). Bespreek dan opties, weerstanden, nieuwe ideeën, oplossingen (voeg ze toe in een andere kleur).

Stap 5
De coach vraagt naar de kern van de zaak (ook herformulering van de vraagstelling). Waar gaat het de coachee om, welk aspect spreekt hem aan? Welke kant gaat het onderzoek en vooral de reflectie uit?

Stap 6
Reflectiefase: wat houdt de coachee nu vooral bezig? (de vraag naar zijn verwondering). Verken het reflectiemateriaal op inhouds- en betrekkingsniveau.

Stap 7
Actiefase: wat gaat de coachee doen (plan)?

TOOLS VOOR DE COACH

TOEPASSING

De mindmap maken

Stap 1
'Bij een reorganisatie ben ik afdelingsmanager geworden, een functie die ik niet echt ambieer. Er komen nieuwe afslankingen op me af vanwege plotselinge financiële tekorten in de instelling. Mijn probleem is dat ik geen plezier meer heb in mijn werk, ik voel me leeggezogen. Mijn reflectievraag luidt: moet ik denken aan een carrièreswitch?'

Stap 2

Figuur S Mindmap 1

DE TOOLS

Stap 3

Figuur T Mindmap 2

Stap 4 en 5
'Als ik zo naar mijn mindmap kijk, valt me op dat ik erg slecht voor mezelf zorg. Ik krijg nergens feedback of steun, heb geen praatpaal, zit laag in mijn energie, blijf maar twijfelen en doe niets. Het ontwikkelingsgericht werken kan ik niet meer in de huidige organisatie vinden. Ik kan erop wachten dat ook mij de wacht wordt aangezegd. Ik kan mijn energie beter richten op zelf in beweging komen, zelf een nieuwe baan gaan zoeken.'

Stap 6
'Wat me opvalt, is dat ik een keus heb durven maken. Dat ik mij zo heb mee laten voeren door de waan van de dag, geen afstand heb kunnen nemen. Eigenlijk is mijn keus zo vanzelfsprekend. Ik

wil mijn energie weer voelen, me lekker voelen in mijn job en met plezier thuis over mijn werk praten.'

Stap 7
'Mijn actieplan: solliciteren! Deze week nog, iedere week een brief wegdoen, in mijn netwerk rondvragen, met mijn vrouw alles doorpraten, mezelf niet onder druk zetten. Ik voel me direct al beter nu ik de knoop heb doorgehakt!'

TIPS EN VARIATIES

1. Gebruik tekeningen, metaforen en dergelijke.
2. Gebruik verschillende kleuren stiften.
3. Gebruik een flip-over (de afstand helpt bij het overzicht houden); A4-papier kan ook.
4. Ga naast elkaar zitten; de coach overweegt goed wie de mindmap tekent. Wanneer de coachee tekent, is de mindmap meer eigen en sprekender, verbanden worden eerder gezien. Wanneer de coachee erg zoekend of onzeker is, kan de coach beter tekenen.

LITERATUUR

▷ Benammer, K., M. van Schaik, I. Sparreboom, S. Vrolijk en O. Wortman (2006). *Reflectietools*. Lemma, Den Haag.
▷ Buzan, T. & B. Buzan (2002). *The Mind Map Book*. BBC Worldwide Limite, London.
▷ Dorresteijn, N. & I. Svantesson (1996). *Mindmapping in de praktijk* (6e druk). Bohn Stafleu van Loghum, Houten/Diegem.
▷ Hendriksen, J. (2005). *Werkboek Intervisie* (4e druk). Nelissen, Soest.

Vermogens en overtuigingen

TOOL 16 RESULTATENKETEN: DE VRAAG ACHTER DE VRAAG

INDICATIES
▷ Snelle verdiepingsslag maken.
▷ Opening maken naar de rol van gevoelens en emoties.
▷ Geschikt voor coachees die vastzitten in hun rationele denken en praten.
▷ Bij cirkelredeneringen.

DOELSTELLINGEN
▷ Onderzoeken van de werkelijke vraag (achter de vraag), de werkelijke behoefte die in de coachingsvraag verscholen zit.
▷ Onderzoeken van het betrekkingsniveau (emotie, gevoel) in relatie tot de vraagstelling.
▷ In contact brengen met gevoelens en emoties rond de vraag.

TOELICHTING
Ooit heb ik deze methode leren kennen als de 'resultatenketen'. Ik heb er veel mee gewerkt en vind het een heel prettige methode, vooral om met mensen die niet snel bij het betrekkingsniveau van de vraagstelling kunnen komen of moeite hebben te onderscheiden welke vraag er achter hun vraag verscholen zit, te onderzoeken waar het in de kern om gaat. Ik heb later ontdekt dat de vragenlijst uit NLP komt. Al werkend heb ik de vragenlijst aangepast en gewijzigd. De bron is derhalve ook weinig relevant meer en waarschijnlijk nauwelijks herkenbaar. Zo gaat dat met oefeningen die op A4'tjes van de tafel vallen... en zo ontstaan andere, nieuwe oefeningen.

In mijn ervaring zit de sleutel van deze methode in het sluiten van de ogen. Een coachee reageert met gesloten ogen (en handen op zijn buik) anders op vragen dan met open ogen. De neiging om naar binnen te kijken, te voelen en te beleven valt niet meer te onderdrukken.

Naast het sluiten van de ogen spelen ook een belangrijke rol:
▷ het focussen van de aandacht op steekwoorden;
▷ het gebruikmaken van stilte;
▷ het vrij associërend inspelen op de antwoorden, zonder de vragenlijst strak en dogmatisch te hanteren.

TOOLS VOOR DE COACH

Introductie
Laat de coachee rustig en ontspannen zitten. Zorg dat je niet gestoord kunt worden. Geef een korte toelichting op de methode. Check bij de coachee of hij bereid is de oefening te doen.

Ronde A
1 Wat is je vraag/probleem/behoefte? Kies een vraag die je wilt bespreken.
2 Vertel iets over de vraag. Kun je je vraag met een trefwoord benoemen?
3 Ga nu met je aandacht naar dat trefwoord (behoefte, knelpunt).
4 Probeer de vraag fysiek te ervaren (voelen, gewaarworden). Sluit je ogen. Stilte.
5 Kun je er contact mee maken?
6 Kun je het *resultaat* van ervaren en contact maken onder woorden brengen (in de vorm van bijvoorbeeld een inzicht, bewustwording)?

Ronde B
1 Wat is nú je (nieuwe) vraag?
2 Wat wil je met deze vraag bereiken? Wat is de bedoeling van je vraag?
3 Komt er een woord, beeld, geluid, gevoel, metafoor als reactie op?
4 Wat levert dat voor je op (resultaat)?
5 Wat is er nog belangrijker voor je dan dit resultaat?

Ronde C
1 Wat is nú de kern van wat je vertelt?
2 Welk woord/begrip geeft dit het beste weer?
3 Welk gevoel geeft dit het beste weer?
4 Stel, je bereikt dit, wat geeft het je dan (aan positiefs, nieuws, verrassends)?
5 Schrijf dit als *resultaat* op.

TOEPASSING

Voorbeeldgesprek

Ronde A
Coach: 'Over welke vraag wil je het hebben?' Coachee: 'De vraag die ik heb, is: ik heb nog zo vreselijk veel te doen en kan niet goed mijn keuze bepalen.'
C: 'Wil je er wat meer over vertellen?'
Cee: 'Ik ben nu een paar weken ziek thuis en kan die tijd goed gebruiken om alle achterstand in te halen. Ik moet nog veel doen voor mijn studie, reflectieverslagen maken bijvoorbeeld, en een jaarplanning uitwerken voor mijn werk. Ik kan thuis mijn werkkamer eens opruimen en zo weet ik nog wel tien dingen die nodig aangepakt moeten worden.'
C: 'Kun je deze vraag in één woord benoemen?'
Cee: (stilte...) 'Ja, prioriteiten stellen.'
C: 'Ga eens met je aandacht naar dat woord: prioriteiten stellen. Sluit je ogen. Probeer je vraag te ervaren, gewaar te worden (stilte...). Adem rustig in en uit... (stilte...). Kun je contact maken met je gevoel?'
Cee: 'Ja, het overweldigt me... vooral toen je zei dat ik rustig moest ademen...'
C: 'Wat voel je dan?'
Cee: 'Dat ik zo moe ben... (stilte...), doodmoe. Dat ik wel gek lijk om al die dingen te willen. Dat ik slapen wil...'
C: 'Kun je benoemen wat het resultaat is van deze vragenronde?'
Cee: 'Dat prioriteiten stellen een schijnbeweging is... dat ik moe ben en slapen wil, ik wil me uitgerust en ontspannen voelen.'

Ronde B
C: 'Wat is nu je vraag?'
Cee: 'Ik wil me weer vitaal voelen, zoals vroeger.'
C: 'Wat wil je met deze behoefte bereiken?'
Cee: 'Ik denk dat ik onder ogen moet zien dat ik misschien wel een burn-out heb. De bedrijfsarts zei dat. En dat dat niet zomaar over is. Dat ik prioriteit moet geven aan mijn oververmoeidheid. Allemaal moeten... stom hè?'
C: 'Komt er een centraal beeld in je op?'
Cee: (stilte...) 'Nou, nee... of misschien toch: een eiland in de zon...'

C: 'Wat betekent dat voor je?'
Cee: 'Vakantie, rust, vooral ook loslaten... (stilte...). Genieten!'
C: 'Wat is er nog belangrijker dan dit beeld?'
Cee: 'Weer gezond zijn!'
C: 'Dus als resultaat van deze ronde komt gezondheid in beeld.'

Ronde C
C: 'Wat is nu de kern van wat je vertelt?'
Cee: 'Ik moet van alles loslaten wat me bezighoudt en wat ik toch niet kan realiseren op dit moment. Ik wil andere prioriteiten gaan stellen...'
C: 'Welk woord geeft dit het beste weer?'
Cee: 'Vitaal worden.'
C: 'Welk gevoel geeft dit het beste weer?'
Cee: 'Ja! Energie voelen natuurlijk!'
C: 'Wat levert dat op als resultaat wanneer je dat weer voelt?'
Cee: 'Dat is een moeilijke! (stilte...). Eigenlijk ga ik me dan pas weer gelukkig voelen, denk ik...'
C: 'Schrijf dat eens met grote letters op!
Dank je wel, de oefening is nu afgelopen.
Ontspan even, dan praten we er zo over na.'

TIPS EN VARIATIES

1. Neem het lijstje met vragen in je hand en gebruik deze als richtlijn. Sta jezelf ruimte toe om te experimenteren.
2. Soms helpt een blinddoek.
3. Rond iedere ronde af met het benoemen van het *resultaat*.
4. Geef voldoende ruimte aan de nabespreking, want de verdiepingsslagen die bereikt worden, kunnen de coachee stevig raken.
5. Onderzoek de vervolgvraag waaraan gewerkt gaat worden en laat de coachee bewust zelf een keuze maken. Het kan namelijk voor de coachee om allerlei redenen (het werk!) van belang zijn om toch eerst de vraag onder A of B te bewerken, wetend wat de relevantie is van het resultaat onder C.

LITERATUUR

▷ Andreas, C. & T. Andreas (1995). *Kerntransformatie. NLP als weg naar je innerlijke bron.* Servire, Utrecht.

2.4 Tools voor identiteits- en zingevingsontwikkeling

Identiteit en zingeving

TOOL 17 LEVENSLOOPVERHAAL: REFLECTEREN OP JE EIGEN GESCHIEDENIS

INDICATIES
▷ Onderzoeken welke momenten in de eigen levensloop vitale leermomenten waren.
▷ Verbanden leggen tussen bepaalde gebeurtenissen.
▷ Patronen ontdekken die ook spelen in het hier en nu.
▷ Levenslessen trekken voor nu en later.

DOELSTELLINGEN
▷ Onderzoek van bronnen en ervaringen, socialisatie en ontwikkeling tijdens de verschillende levensfasen.
Beschrijven van materiaal dat tot reflectie leidt (leren reflecteren).
▷ Beoordelen van veranderingsmogelijkheden.
▷ Zoeken van toekomstige zingeving.

TOELICHTING
Door de eeuwen heen hebben mensen elkaar verhalen verteld. Een verhaal is altijd een geheel eigen versie van de werkelijkheid. Een verhaal hoeft niet dé waarheid te zijn, maar is altijd een waarheid die ten dienste kan staan van de verhalenverteller en zijn toehoorder. Het is onderzoeksmateriaal.
Het vertellen van de levensloop, ook wel biografisch werken genoemd, kun je zien als een vertellende beschrijving van het leven van de coachee, waarbij per levensfase de belangrijkste verhalen verteld worden. Wat waren de momenten die het meest indruk maakten? Wat waren de trauma's, de verrassingen, de vreugde en het verdriet? De successen, de nederlagen, het verlies?

Het levensloopverhaal is een uniek verhaal omdat het de ontwikkeling vertelt van die ene mens. Het is niet alleen gebaseerd op feiten, maar ook op herinneringen en voorstellingen die met die feiten samenhangen. Het is dus een subjectief verhaal.
Oorspronkelijk werd in het levensverhaal vooral gebruikgemaakt van de *argumentatieve denkwijze* (logisch, objectief, rationeel, abstract) terwijl de laatste jaren steeds meer aandacht ontstaat voor

de *narratieve denkwijze* (verhalen vertellen, emotioneel, verbeeldend, subjectief, concrete ervaringen).

Het levensloopverhaal kan op vier niveaus geschreven en besproken worden:
1   Het ervaringsniveau (dit is er gebeurd).
2   Het vertelniveau (dit kan ik ervan vertellen).
3   Het reflectief niveau (deze inzichten en wijsheden roepen mijn verhalen op).
4   Het opnieuw betekenis verlenen aan het veraal (dit is de zin van dat alles).

Het schrijven van het levensloopverhaal of biografisch werken heeft een open en dynamisch karakter. Openheid om de persoonlijke visie vorm te geven. Dynamisch omdat de tekst leidt tot een gesprek tussen coach en coachee.
De argumentatieve denkwijze gaat in op zaken als afkomst, opvoeding, opleiding, werkervaring en loopbaansuccessen. Dit wordt ook wel de *uiterlijke levenslijn* genoemd. De narratieve denkwijze gaat meer in op kwesties als oorspronkelijkheid, talenten, intuïtie, zingeving, emoties (passie). Dit wordt de *innerlijke levenslijn* genoemd.

De volgende levensfasen kunnen onderscheiden en beschreven worden:
1   0-7 jaar: overleven, veiligheid;
2   7-14 jaar: sociale geborgenheid;
3   14-21 jaar: individualiteit;
4   21-35 jaar: taakniveau, prestatieniveau;
5   35-45 jaar: creativiteit, inspiratie;
6   45-55 jaar: visieontwikkeling, vinden van eigen missie;
7   55+: zingevingsvragen onderzoeken.

TOEPASSING

Voorbeelduitwerking

Stap 1   Dit is er gebeurd (ervaringen)
'Ik heb de middelbare school niet afgemaakt. Ik had geen plezier in school, wel in buitenschoolse activiteiten. Als ik gemotiveerd was, lukte alles.'

Stap 2 Beschrijving van herinneringen (het zogenoemde vertelniveau)
'Op de middelbare school was ik opeens niet meer de beste van de klas... Integendeel, alles ging nogal moeizaam. Misschien was mijn puberteit al begonnen, ik weet het niet. Ik moest de eerste jaren veel moeite doen om met taken en hertoetsen over te gaan naar de volgende klas. Ik bleef in de derde zitten. Ik was geen succesleerling, zo'n zesjesjongen, hoewel ik voor gymnastiek, geschiedenis en aardrijkskunde hele hoge cijfers haalde. Ja, als het mij boeide, dan lukte het wel. In die tijd ben ik allerlei hobby's gaan zoeken buiten school waarin ik wel lol had en succesvol werd. Voetballen, gedichten schrijven en declameren met jazzmuziek als begeleiding, redacteur van een jongerentijdschrift, verwoed verzamelaar van archeologische voorwerpen, gek op boeken die op school niet mochten en lid van een actiegroep. Ik leerde buiten school, bedenk ik me nu, als een soort compensatie. En steeds weer: als het leuk was, dan kon ik alles.'

Stap 3 Het reflectieve niveau
'Er was geen leerlingbegeleiding in die jaren, nooit heeft er ook maar iemand van school met me gepraat. Leraren zaten in de vriendenkring van mijn ouders, maar ook mijn vader en moeder lieten me mijn gang gaan. Uiteindelijk heb ik alles wat ik geleerd heb, alle diploma's die ik later nog gehaald heb, helemaal zelf gehaald. Helemaal zelf... en ik ben er trots op.
Ik haalde altijd vieren voor wiskunde en natuurkunde. Later, toen ik studeerde, moest ik logica en statistiek doen, net zo iets. Ik wilde het halen, studeerde dag en nacht en haalde die vakken. Ik vond ze later nog leuk ook!'

Stap 4 De betekenis van dit alles
'Ik realiseer me hoe belangrijk ruimte en afwezigheid van dwang bij het leren voor me is geworden. Als ik gemotiveerd ben, lukt het altijd prima en anders helemaal niet. De kern is: ik doe het zelf wel! Ik heb geen hulp nodig!
Bij dit laatste zet ik mijn vraagtekens. Ik twijfel er nu aan of deze overtuiging wel zo handig is geweest. Ik kan me een aantal situaties voor de geest halen waarbij ik beter wel advies had kunnen vragen. Of erover praten met vrouw en vrienden. Waarom deed ik dat toch nooit?
Ik denk daar nu anders over, maar ik vind het wel moeilijk om in praktijk te brengen.'

TIPS EN VARIATIES

1 Er kan ook gewerkt worden met 'storytelling', dat wil zeggen het laten vertellen van verhalen uit het dagelijks (bedrijfs)leven. Deze verhalen worden verteld aan de hand van metaforen. De verteller bedenkt zelf een metafoor voor zijn organisatie: een spinnenweb, een dode boom, een vliegveld enzovoort.
2 Je kunt ook een metafoor aanreiken. Beschrijf bijvoorbeeld de organisatie als een theater: gaat het om een tragedie, een drama, satire, pantomime, ballet? Welke boodschap vertelt dit verhaal? De plots? De lagen in het verhaal? Decors, figuranten, regisseur, hoofdrolspelers, slachtoffers, boosdoeners, het publiek?
3 Mogelijke vragen voor de coach:
   ▷ Waar heb je nu last van of gemak van bij je werk?
   ▷ Welke gedragspatronen heb je ontwikkeld in de loop der jaren?
   ▷ Welke van je eigenschappen of leerervaringen zou je willen doorgeven aan een volgende generatie?

LITERATUUR

▷ Bijl, J., P. Baars & A. van der Schueren (2002). *Vertellen werkt. Mogelijkheden van storytelling in organisaties.* Pearson Education Benelux/De Baak.
▷ Parkin, M. (2001). *Tales for Coaching.* Kogan Age, New York.
▷ Waard-van Maanen, E. de (2003). *De veldheer en de danseres. Omgaan met je levensverhaal. Over loopbaanbegeleiding en coaching* (2e druk). Garant Antwerpen, Apeldoorn.
▷ Veenbaas, W. (1994). *Op verhaal komen: werken met verhalen en metaforen in opleiding, training en therapie.* Scheffers, Utrecht.

Identiteit en zingeving

TOOL 18 TWEE STOELEN: IN DIALOOG MET JEZELF

INDICATIES
▷ Coachees die in cirkelredeneringen blijven steken.
▷ Coachees die hun blokkades en blinde vlekken op een ervaringsgerichte wijze willen onderzoeken.
▷ Coachees die gebaat zijn bij het inoefenen van nieuw gedrag.

DOELSTELLINGEN
▷ Verhelderen van en inzicht geven in complexe en conflictueuze of lastige situaties.
▷ Via dialoog onderzoeken van de verschillende aspecten van een probleem tussen de coachee en een derde of tussen de coachee en een subpersoon van zichzelf.
▷ Stimuleren van projecties, beelden en fantasieën.
▷ Inoefenen van nieuw gedrag, nieuwe vaardigheden.

TOELICHTING
De werkwijze met de (vrije) stoel is afkomstig uit de Gestaltmethode van de Amerikaan Fritz Perls, die ervan uitgaat dat ieder mens zich wil verwezenlijken zoals hij is. Ieder gedrag dat de mens toont op ieder ogenblik is een zelfgekozen wijze om tot verwezenlijking te komen. Door socialisatie, werk enzovoort kun je echter het contact met je gevoel, je kwaliteiten en je omgeving zijn kwijtgeraakt. De Gestaltmethode werkt vooral aan het gewaarzijn van wat je denkt, voelt en doet, waar je behoefte aan hebt en hoe je zelf in interactie met je omgeving tot ontwikkeling kunt komen. Gestalt gaat uit van zelfrealisatie van persoonlijke doelstellingen op het moment dat er werkelijke bewustwording ontstaat van hoe een kwestie in elkaar zit. De methode van de twee stoelen is na enige oefening goed toe te passen en schept een situatie waarin nieuw gedrag uitgeprobeerd kan worden.

De volgende fasen worden doorlopen:
1 aanloop;
2 expliciteren;
3 identificeren met de tegenovergestelde positie;
4 dialoog en integratie;
5 nieuw gedrag inoefenen.

Fase 1 Aanloop
De coachee legt zijn vraag voor. De coach verkent de vraag. Er vallen hem dingen op, bijvoorbeeld de coachee uit steeds onzekerheid en twijfel over een kwestie met een collega. De coach koppelt zijn gewaarwordingen in dit eerste deel van het gesprek terug: 'Ik hoor je aarzelen, wil je dat nog eens herhalen? Merk je hoe je zit? Wat beleef je (voel je, ervaar je) als je dit zegt?' Stap voor stap wordt gekoerst naar de kern van de vraag.

Fase 2 en 3 Expliciteren en identificeren
De coachee wordt zich volledig bewust van zijn rol of van een aspect daarvan. De coach beseft hier bijvoorbeeld dat de coachee steeds wegduikt voor de consequenties van het bespreekbaar maken van zijn vraag aan zijn collega.
De coach vraagt de coachee zich te identificeren met zijn eigen onzekerheid (in de stoel waar hij al zit). De coach vraagt door op aspecten van onzekerheid en twijfel. Wat betekent die twijfel, wat zegt die twijfel tegen de coachee?
De coach introduceert nu een lege stoel waarop 'de onzekerheid' als rol plaatsneemt (in Gestalttermen: de coachee neemt de 'underdogpositie' in).

Fase 4 Dialoog en integratie
De coach vraagt de coachee op de stoel van de underdog te gaan zitten, zich te identificeren en te reageren op wat hij eerder in de andere stoel gezegd heeft. Hij doet dit op persoonlijke wijze en in de ik-vorm. Vervolgens wordt er weer van stoel gewisseld en reageert de coachee op de opmerkingen van zijn underdog. Al naar behoefte kan er gewisseld worden. De coach kan met korte vragen en interventies leiden, maar kan ook de coachee echt alleen met zichzelf in gesprek laten. Alles wat opvalt kan terugkomen in de vragen van de coach, bijvoorbeeld: 'Wat betekent het dat je nu niets te zeggen hebt? Hoe voelt dat?' Integratie vindt plaats doordat de coachee zich gewaarwordt van zijn gedrag en eventuele gedragsalternatieven.

Fase 5 Nieuw gedrag inoefenen
Nieuw gedrag wordt ingeoefend door de coachee bijvoorbeeld het gesprek te laten oefenen dat hij met zijn collega wil voeren. Hoe komt hij daarin van zijn onzekerheid af? Laat dat zien en horen! Oefen dat nog een keer. Verbeter dat door te versterken, bijvoor-

beeld door eerst het gedrag sterk te overdrijven. Werk aan het zich comfortabel voelen in het gesprek met de collega. De coach kan als tegenspeler de collega spelen en daardoor mogelijke reacties spiegelen. Dat kan ook door de lege stoel als collega in te voeren.

TOEPASSING

Voorbeeldgesprek

Fase 1 Aanloop
Coach: 'Waar wil je aan werken?'
Coachee: 'Ik heb volgende week een functioneringsgesprek met mijn leidinggevende. Ik zie daar wat tegen op. Hij zal wel niet over alles tevreden zijn. En ik moet hem ook mijn eigen verhaal bij de problemen op mijn werk vertellen en dat is best gecompliceerd. Ik weet niet of hij dat begrijpt...'
C: 'Ik hoor dat je je niet makkelijk voelt als je aan dit gesprek denkt en ik zie het ook aan je gespannen houding.'
Cee: 'Ja, daar zeg je het, ik voel me er gespannen onder. Ik weet niet of ik mijn verhaal goed over het voetlicht krijg...'

Fase 2 en 3 Expliciteren en identificeren
C: 'Probeer die onzekerheid eens helemaal te voelen. Kun je me daarover vertellen?'
Cee: 'Tja, ik denk dat ik gewoon niet aan het woord kom, als het erom gaat. Hij luistert gewoon niet en ik kan praten als Brugman. Dat voelt als een grote dikke muur.'
C: 'Je hebt het gevoel dat je hem niet kunt bereiken?'
Cee: 'Ja, dat is het, hij luistert gewoon niet.'
C: 'Als hij echt naar je luistert, ben je dan tevreden?'
Cee: 'Ja, dan voel ik me zekerder in het gesprek.'
De coach bevraagt zijn coachee nu over aspecten met betrekking tot het zich onzeker voelen tegenover zijn leidinggevende.
C: 'Ik vraag je nu om in de andere stoel te komen zitten en te reageren op de onzekere die net in deze stoel zat. Zeg maar wat je van zijn verhaal denkt.'
Cee: 'Tja, eerlijk gezegd, krijg ik wel een beetje genoeg van mezelf als ik daar opnieuw naar kijk. Ik zit daar maar een potje te klagen over die man. En over mezelf!'
C: 'Wat zit je het meeste dwars?'

Cee: 'Het is net of ik van alles fout gedaan heb. Of ik mijn verontschuldigingen aanbied. Sodemieter nou helemaal op, denk ik dan, ik heb mijn gloeiende best gedaan!'
C: 'Je voelt je kwaad worden?'

Fase 4 Dialoog en integratie
C: 'Wil je nu weer gaan zitten op je eigen stoel? Wat vertelt dat verhaal van je kwaadheid?'
Cee: 'Dat ik me klein maak, ik word er woest om!'
C: 'Maak je eens klein... Hoe voelt dat?'
Cee: 'Dat wil ik niet, ik word nu nog kwader dan net! Ik voel echt dat ik niet klein wil zijn, dat is niet eerlijk!'
C: 'Ga weer eens op de andere stoel zitten. Kijk eens naar dat kleine mannetje dat je zelf bent...'
Cee: (slikt tranen weg) 'Zo was ik op school nou ook altijd... ik heb geen zin meer in die rol... het is dom van me dat ik me er steeds in laat duwen. Ik kijk met afschuw naar mezelf... ik wil niet zo blijven.'
C: 'Ik heb het gevoel dat je nu heel verdrietig bent.'
Cee: 'Ja, ik zou wel willen janken... Het is ook onnodig om zo te zijn. Ik doe mijn werk toch voor negentig procent goed? En ik zet me voor honderdtwintig procent in!'
C: 'Hoe zou je naar jezelf willen kijken?'
Cee: 'Naar iemand die trots is... trots op zijn werk, zijn inzet. En natuurlijk bereid is dingen beter te doen. Gewoon zeker van zichzelf mag zijn...'

Fase 5 Nieuw gedrag inoefenen
De coach gaat gedrag inoefenen met de coachee, gebaseerd op zijn gevoel van trots. Wat is dat, trots zijn? Hoe voelt dat? Hoe ziet het eruit?
C: 'Doe het eens voor tegenover je leidinggevende. Zeg met zekere stem wat je te zeggen hebt. Je bent niet groter of kleiner dan je bent. En voel dat je trots bent op wat je zegt.'
De coach kan ook nog de rol van de leidinggevende spelen en reageren zoals hij op dat moment de opmerkingen van de trotse coachee voelt en ervaart.
Hij kan de statements waarderen en versterken.

TIPS EN VARIATIES

1 Deze werkwijze kan emotionele reacties en diepe inzichten in het eigen gedrag geven. Bereid daar de coachee op voor. Houd zeker tijd over voor het nagesprek. Probeer zo terughoudend mogelijk te werken als coach en laat het proces zichzelf ontvouwen. Werk met kleine stappen en sluit dicht aan bij de beleving (feitelijk, non-verbaal en emotioneel) van de coachee.
2 Voor coaches is het vereist dat ze zeker zelf enige keren geoefend hebben.
3 Een interessante variant is te vinden in de methode Voice Dialogue, waar met subpersonen van het ik van de coachee gewerkt wordt.
Volgens deze methode gaat de coachee over zijn vraag in gesprek met zijn subpersonen (een bekende is 'de innerlijke criticus'). Lees in dit kader het boek van Hal en Sidra Stone (zie hierna in de literatuurlijst).

LITERATUUR

▷ Perls, F. (1976). *Gestalt Therapie Verbatim* (3e druk). Bert Bakker, Amsterdam.
▷ Perls, F. e.a. (1976). *Gestalt is*. Boom, Meppel.
▷ Stone, H. & S. Stone (2002). *De innerlijke criticus ontmaskerd*. De Zaak, Groningen.
▷ Wolbink, R. (2005). *Gestalt in supervisie*. Nelissen, Soest.

Identiteit en zingeving

TOOL 19 VISUALISEREN: ONBEWUSTE INNERLIJKE BEELDEN TONEN

INDICATIES
- Ieder in harmonie levend mens kan met visualisaties werken.
- Een beroep willen doen op het niet-bewuste, de schaduwkanten, herinneringen, fantasie en creativiteit.
- Contra-indicatie: onrustige, niet in een redelijke balans verkerende mensen; dissociërende mensen; zeer gespannen mensen.

DOELSTELLINGEN
- Ontdekken en integreren van richtinggevende beelden uit ons innerlijk.
- Gebruiken van innerlijke zintuigen: het innerlijk horen, het innerlijk zien, het innerlijk voelen.
- Het onderbewuste van de mens laten spreken.
- Aanboren van fantasie en creativiteit.

TOELICHTING
Visualisaties hebben de bedoeling de coachee naar diepere bewustzijnsgebieden te leiden. Het is een ontmoeting met het onderbewuste waarbij behalve rijke en nieuwe stimulerende beelden ook schaduwkanten van ons zijn belicht kunnen worden. Een visualisatie werpt een nieuw licht op de werkelijkheid en helpt ons met de integratie van herinneringen en niet geaccepteerde levenservaringen. In het hier en nu van de visualisatie ontwikkelt zich een nieuw beeld, een nieuw perspectief naar de toekomst. Een visualisatie wordt ook wel eens eenvoudig omschreven als 'gerichte aandacht voor aspecten die in onszelf leven'.
Een visualisatie is uitgebreider en grijpt dieper in dan een geleide fantasie (die immers vooral op rust en ruimte gericht is). Bij een visualisatie ervaart de coachee een wereld aan gedachten, beelden, herinneringen, gevoelens (ook verdrongen) die in het heden uitgesproken kunnen worden en het coachingsgesprek kunnen gaan leiden of beïnvloeden.

Een visualisatie start met ontspanning, zowel lichamelijk als geestelijk.

Afhankelijk van de mate van geoefendheid van de coachee wordt langer of korter stilgestaan bij de verschillende stappen:
1   Haal diep en rustig adem en volg aandachtig je ademhaling (tot in je buik). Bij weinig ervaring: ook aandacht besteden aan de fysieke ontspanning van hoofd, armen, romp en benen (zie autogene training, tool 2, of geleide fantasie, tool 4).
2   Beginners starten met een korte visualisatie (15 minuten); bij meer gevorderden langere tijd nemen (20-25 minuten).
3   Geef tijd om weer 'terug' te komen. Laat iemand dit in zijn eigen tempo doen. De stem van de begeleider versterkt zich hier en zijn tempo neemt toe, de coachee volgt zo goed mogelijk. Afstemming op elkaar is hier heel belangrijk!

De visualisatie zelf kent de volgende fasen:
1   Verken de weg naar het onderbewuste: een bospad, een bootreis, een wandeling, een rivier volgend, op de rug van een vogel.
2   Er is een ontmoetingsplaats (berg, tuin, huis, open plek in bos).
3   Ontmoeting met een archetypische voorstelling. Bedenk een archetype (oude man, de meester, een schim, Moeder Aarde, een adelaar, een heks).
4   Dezelfde weg terug naar het hier en nu.
5   Nabespreking van de visualisatie. Niet 'praten over' maar praten 'van binnenuit'.

TOEPASSING

Voorbeeldtekst visualisatie
Deze tekst kan door de coach worden voorgelezen.

Visualisatie van de berg
'Je loopt op een bergpad. Het is stenig en soms smal. Af en toe liggen er op het pad grote keien waar je omheen moet lopen. Het pad stijgt en je krijgt het warm. Voel hoe je voeten vastigheid zoeken op de keien, ervaar hoe je goed moet opletten om geen misstap te maken. Je ademhaling verdiept zich en je loopt in een rustige, bij jou passende cadans omhoog. Aanvankelijk zag je planten, struiken en bomen langs het pad. Nu wordt de begroeiing minder. Je ziet een enkele bloem; ze hebben prachtige en verrassende kleuren. Het klimmen wordt zwaarder, maar je voelt je

totaal niet moe, eerder energiek en doelgericht op weg naar de top. Voor je zie je, haast op de boomgrens, een grote oude boom. Een goed moment om even uit te rusten en naar de boom te kijken. De stam is knokig, de vele zijtakken staan mooi in blad. Hij geeft heerlijke schaduw en domineert de omgeving. Bedenk waar deze boom voor staat... misschien een laatste houvast? Schaduw? Een plek om uit te rusten? Ontdek je eigen fantasie. Houd het beeld van de boom in gedachten vast.

Figuur U Visualisatie

Je loopt verder tegen de berg op, het wordt steiler en steiler. Rotsachtiger en droger, je ziet alleen nog maar gras en doornige planten met kleine bladeren. Het is droog, je hebt dorst, je zweet. Even verder is een grot, daar kun je in de schaduw een slok water drinken. Wie woont er in de grot? Wat verbergt de grot? Moet je iets doen of kun je rustig verder wandelen? Is er sprake van een dreiging? Onderzoek wat je bezighoudt terwijl je rust.

Je komt boven op de top. Het uitzicht is werkelijk onbegrensd, de lucht is blauw en de bergen om je heen zijn lager dan jouw top. Je kunt als het ware over de bergen heen zien. Een fantastisch uitkijkpunt. Onder je zie je groene valleien, de verten zijn neve-

lig en spannend. Dit landschap roept veel in je op. Wat bijvoorbeeld?
Naast je hoor je een geluid. Er komt een dier naast je zitten. Dit dier, groot of klein, staat voor steun en levensenergie. Geef het een naam. Samen met dit dier kijk je uit over de verten, beschouw je je toekomst.
Jullie lopen samen terug over het pad naar het dal. Het is nu donker, maar je hebt genoeg licht van de sterren. Je kunt niet vallen. Het donker helpt je om je gedachten te ordenen. Het dier loopt trouw met je mee. Tegen de ochtend kom je aan in het dal, het wordt langzaam licht en vogels beginnen te zingen. Je ziet iemand op je af komen en je realiseert je dat je het zelf bent. Je identificeert je met deze persoon en je slaat de armen om elkaar heen.
Je voelt je warm, opgenomen en in totale verbinding met jezelf.'

TIPS EN VARIATIES

1 Visualiseren kan overgaan in mediteren. Begeleid dit helder. Zie tool 22.
2 Schrijf je eigen visualisaties, bijvoorbeeld gericht op een bepaalde coachee. Welke beelden helpen om je eigen innerlijke beelden te herkennen en te integreren? Hoe kun je daar je coachee mee helpen?

LITERATUUR

▷ Gawain, S. (1986). *Creatief visualiseren* (3e druk). Ankh-Hermes, Deventer.
▷ Vos, K. & F. de Jongh (2005). *Werkboek visualiseren* (2e druk). Sigma Press, Tilburg.

Identiteit en zingeving

TOOL 20 WANDELEN: OP WEG NAAR REFLECTIE EN ZINGEVING

INDICATIES
▷ Moeite hebben met zich concentreren in het gesprek.
▷ Moeite hebben met oogcontact en lichamelijk aanwezig zijn, gronden.
▷ Stress, onrustig, druk.
▷ Moeilijk kunnen reflecteren.
▷ Leren luisteren.
▷ Afstemmen en verbinding maken.
▷ Bevorderen gelijkwaardigheid tussen coach en coachee.

DOELSTELLINGEN
▷ Ruimte en openheid in het gesprek creëren.
▷ Actie en reflectie laten afwisselen.
▷ Uitdiepen gespreksthema.

TOELICHTING
Coachen tijdens de wandeling is populair en niet ten onrechte, want de cadans van de stap kan het gesprek mooi ondersteunen. Letterlijk aarden en het gebruiken van rust en stilte onderweg kunnen de verdiepende en reflectieve werking van de wandeling bevorderen.
Wel moeten een aantal valkuilen voorkomen worden. Kies bijvoorbeeld een goede wandeling uit zonder te veel afleiding onderweg (verkeersoverlast).
Let er als coach ook op dat je reacties op natuur en omgeving en andere gewone gespreksonderwerpen afwisselt met doorvragen en reflectieve vragen. Deze concentratie op het doel van de wandeling valt de beginnende wandelcoach (en -coachee) niet altijd mee. Coachen tijdens het wandelen kan veel diepgang opleveren, maar ook heel oppervlakkig blijven door de actie en de afleiding die altijd op de loer liggen. Wees je als coach goed bewust van de bewaking van structuur en doel van de wandeling. De coachingsvraag staat centraal!

Aandachtspunten bij het coachend wandelen:
▷ Tempowisselingen tijdens het wandelen (stilstaan, slenteren, gaan zitten) zijn belangrijk.

▷ Bijvoorbeeld bij onthullingen of bij het krijgen van een inzicht staan wandelaars letterlijk 'stil' bij zo'n belangrijk moment of ze gaan even zitten.
▷ Rust, sereniteit, maar ook grappen en plezier horen erbij.
▷ Respect voor al wat leeft en groeit werkt stimulerend (ook het gesprek daarover).
▷ Tijd nemen voor de afronding (eventueel binnen).
▷ Maak het niet te fijn, gezellig, ontspannend! Het blijft betaald werken.
▷ Neem papier en pen mee voor aantekeningen. Zie het gewoon als werk om aantekeningen te maken!
▷ Omgevingsfactoren kunnen het gespreksthema sterk bepalen, ook als metaforen voor wat er besproken wordt (bijvoorbeeld het zien van een kerk brengt het gesprek op leven en dood of op geloofszaken, paarden in een wei staan voor vrijheidsgevoelens, een hond staat voor warmte en koestering, aandacht en veiligheid).

TOEPASSING

Uit de praktijk van een coach
'Ik coachte een lange stramme man. Hij beantwoordde plichtsgetrouw mijn vragen. Zat er roerloos en onbewogen bij. Ik kreeg geen vat op zijn coachingsvraag, hij kwam steeds maar niet op zijn praatstoel, ik werd het ploeteren beu en riep spontaan (ik woon bij het bos): "Zullen we een stukje gaan lopen?" Na tien minuten begon hij te praten, we liepen in een gezamenlijke cadans verder en hij vertelde me van zijn passie voor paddenstoelen.
Via zijn passie kwamen we op zijn kinderen, zijn schooltijd, zijn natuurhobby's enzovoort.
En uiteindelijk kwamen we bij zijn coachingsvraag. Levendig vertelde hij over zijn sores, analyseerde zichzelf, kwam met opties. Hij was letterlijk en figuurlijk in beweging gekomen.
Na afloop vroeg ik hem naar zijn ervaring met de wandeling. "Het is net als vroeger", zei hij, "alsof ik weer met een van mijn vrienden in het bos wandelde en een boom opzette. Dat heb ik gemist al die jaren!" Hij voegde er eerlijk aan toe: "Ik vond het in jouw kamer zo beklemmend, net alsof ik op mijn werk was..."
Ik hoefde niet meer overtuigd te worden van de waarde van wandelen en van die mooie definitie van coaching: in beweging komen.

TIPS EN VARIATIES

1 Coachen tijdens een wandeling duurt normaliter langer dan een regulier gesprek (minstens twee uur). Bij kortere wandelingen is het effect vaak niet meer dan ontspanning.
2 Maak een goede inschatting van de wandeltijd en andere omstandigheden (drinken, voedsel, schoeisel, het weer, de conditie van de coachee).
3 Wandel bijvoorbeeld het eerste uur zwijgend naar aanleiding van de coachingsvraag.
4 Gebruik de regel van de benedictijner monniken: zwijg net zolang als de gesprekspartner gesproken heeft.

LITERATUUR

▷ Hombergen, R. (2005). *Loopmeditaties*. Elix, Zutphen.
▷ Jourdan, M. & J. Vigne (2004). *Lopen loutert. Over de spiritualiteit van het wandelen* (2e druk). Ten Have, Kampen.

Identiteit en zingeving

TOOL 21 FOCUSSEN: ERVAREN VAN DE ECHTE VRAAG

INDICATIES
▷ Moeite hebben om emoties en gevoelens te benoemen.
▷ Behoefte aan rust, ontspanning, verdieping.
▷ Ondersteuning ontwikkelen voor de thuissituatie.

DOELSTELLINGEN
▷ Aandacht geven aan die lichamelijke ervaringen die een relatie hebben met het (werk)probleem.
▷ Zelfexploratie van de gevoelde betekenissen in het lichaam.
▷ Gedragsverandering door onderzoek van deze diepere niveaus van ervaringskennis.

TOELICHTING
De grondlegger van het focussen, de Amerikaan Eugene Gendlin, een leerling van de humanistische psycholoog Carl Rogers, heeft jarenlang onderzoek gedaan naar factoren die binnen therapie leiden tot een 'succesvolle cliënt'. Hij kwam tot de conclusie dat het bij een succesvolle therapie niet gaat om de techniek of methode van de therapeut, maar om het vermogen van cliënten bij zichzelf naar binnen te gaan en naar hun eigen gevoelsuitingen te luisteren (zelfexploratie). Het gaat, aldus Gendlin, niet zozeer om het in contact komen met alleen gevoelens – dat kunnen veel mensen – maar om deze gevoelens om te zetten in innerlijke handelingen waardoor werkelijke veranderingen zich kunnen voltrekken en oplossingen voor problemen zich aandienen.
Dit proces van innerlijk lichamelijk gewaarzijn noemt Gendlin het 'ervaren gevoel'. Dit ervaren gevoel wordt bereikt door te *focussen*, je aandacht te richten op wat je lichamelijke ervaringen te vertellen hebben. Ons lichaam is een enorme bron van – vaak ongebruikte – kennis. Een ervaren gevoel is dus niet een gevoel sec of een emotie; het ervaren gevoel is een diepere gevoelsgewaarwording die je helpt je probleem duidelijk te krijgen, aanvankelijk nog vaag en onduidelijk. Bij het vervolgen van de oefening zal blijken dat het ervaren gevoel verschuiven kan en stap voor stap helderder kan worden. Deze verschuiving naar de diepte betekent verheldering en verandering. In een voorbeeld werk ik dit verder uit.

Met focussen hielp Gendlin cliënten snel en zelfstandig grip te krijgen op de werkelijke problemen en de oplossingsrichtingen. De reacties van cliënten hebben ertoe geleid dat hij deze techniek breed toepasbaar heeft gemaakt en ook ontwikkeld heeft voor individueel 'zelfhulp'gebruik.

Achtereenvolgens begeleidt de coach de volgende stappen:

Stap 1 Voorbereiding
De coach leidt de voorbereiding in met behulp van de volgende aandachtspunten:
▷   Zoek een geschikte plek om rustig te zitten.
▷   Zorg dat het stil is.
▷   Zorg dat de coachee de situatie comfortabel maakt voor zichzelf en dat hij ontspannen zit. Als iets hindert (kleding, houding), doe er dan wat aan, zodat het geen andere, belangrijkere gevoelens in de weg zit.
▷   Help de coachee zich te ontspannen.

Stap 2 Ruimte scheppen
Het gaat er in deze fase om dat er afstand ontstaat tussen het probleem en de probleeminbrenger. Er wordt contact gemaakt met de beleving zonder erdoor overspoeld te worden. Deze ruimte is noodzakelijk om een werkbare afstand te creëren ten opzichte van het probleem.
Coach: 'Hoe voel je je nu? Waarom voel je je nu niet kiplekker? Wat zit je dwars?'
De coachee geeft geen antwoorden.
De coach geeft tijd aan de coachee die focust; hij praat heel rustig. Het kan zijn dat de coachee zelf hardop gaat praten, maar hij kan er ook voor kiezen alles in stilte te laten gebeuren. Als de coachee praat, gaat de coach open en empathisch in op de vragen en opmerkingen, vooral in rust.
C: 'Blijf bij jezelf, luister naar jezelf. Iedereen heeft iedere dag wel vragen of werkproblemen die hem bezighouden. Laat dat rustig opkomen. Doe dat niet in een volgorde, niet uitputtend. Bijt je niet onmiddellijk in een vraag vast. Stapel de vragen voor je op en bekijk ze van een afstand. Als je ze allemaal kon weggooien zou je je een stuk beter voelen!'

Stap 3   Het ervaren gevoel van de vraag
Het ervaren gevoel wordt compleet gemaakt door de verbinding tussen lichamelijke gewaarwordingen, emoties, symbolen en gegevens uit de buitenwereld. Het is aanvankelijk een vaag, ongrijpbaar gevoel, want het is niet beredeneerd.
C: 'Welke vraag bezorgt je de meeste kopzorgen? Duik er niet direct in, maar houd even afstand. Hoe ervaar je deze vraag in je lichaam? Sta erbij stil, maar geef geen antwoord in woorden. Voel, ervaar, hoe het hele probleem aanvoelt.'
In deze fase ontstaat er ruis in het hoofd van de coachee, analyses, verklaringen, verwijten, boosheid of angst, gebabbel, clichés, van alles. Hij luistert en voelt. Wees geduldig, neem de tijd. Laat alle stemmetjes praten.
C: 'Probeer nu door te dringen tot dat grote, algemene gevoel dat alles omtrent jouw vraag insluit. Je vraag bestaat uit heel veel details en bijzonderheden, belangrijke en minder belangrijke zaken. Je hoeft niet alle bijzonderheden te kennen, maar je richt je op de essentie, het ervaren gevoel. Als je dit – na enige tijd zoeken – te pakken hebt, laat je het zijn zoals het is. Denk niet: redeneer niet, voel. Voel wat je lichaam je nu vertelt.'

Stap 4   Een handvat vinden
C: 'Probeer het ervaren gevoel te omschrijven. Bijvoorbeeld: pijnlijk, hulpeloos, gespannen. Of in de vorm van een metafoor: als een kartonnen doos, als een gekookte kikker, als een rubberen balletje. Of een combinatie van woorden en beelden. Misschien is er geen woord voor. Probeer het dan nog eens. Laat de woorden uit je gevoel opkomen. Het vinden van het juiste handvat kan een kleine verschuiving in de verwoording te zien geven, net genoeg om te vertellen of het klopt. Let heel goed op deze verschuiving. Je moet kunnen zeggen: "Dit klopt. Dit past."'

Stap 5   Handvat en ervaren gevoel laten resoneren
C: 'Neem het woord of beeld dat je had op het eind van de vorige fase. Houd het naast het ervaren gevoel. Kijk of ze precies kloppen. Als het klopt, geeft het een voelbare reactie: je zucht, je ontspant. Als deze bevestigende gewaarwording niet optreedt, tast je opnieuw af hoe het met je gevoel zit.
Wacht af en laat het komen.

Als gevoel en kernwoord of beeld overeenkomen, laat je dit minstens een minuut zo zijn. Voel dit een minuut: "Zo, ja... zo is het precies goed." Gun je in dit stadium de tijd.'

Stap 6   Vragen
Het ontvouwingsproces van de vorige stappen leidt tot opluchting, een gevoel van bevrijding en ruimte, waardoor nieuwe energie vrijkomt die voor verandering ingezet kan worden.
C: 'Wanneer je grote verschuivingen ervaren hebt, kun je direct door naar de volgende fase. Maar als er sprake is van een kleine verschuiving, wil ik je een aantal vragen stellen over je ervaren gevoel. Ik vraag jou om ze in alle rust te beantwoorden. Kijk steeds of je ervaren gevoel met het verschoven woord of beeld klopt. Ik vraag je iets en je neemt tijd voor het antwoord. Je antwoordt niet rationeel, maar vanuit je gevoel. En als het niet komt, stop je gewoon om het een volgende keer nog eens opnieuw te doen.'

Stap 7   Ontvangen
C: 'Wát er bij focussen ook komt, verwelkom het. Als je de boodschap van je lichaam blij verwelkomt, dan kan dit makkelijker leiden tot verandering. Soms geeft een ervaren gevoel geen uitvoerbare oplossing van het probleem. Houd de richting dan vast. Laat je niet ondersneeuwen door al die interne critici in je hoofd die je gaan bestoken met verwijten.
Onderzoek of er verschuivingen optreden. De oplossing hoeft er niet meteen te zijn, de richting is het belangrijkst. Geef het ruimte is de boodschap voor dit moment. Voel het. Sta er bij stil.
Als je nu besluit te stoppen, voel dan dat je uit het proces kunt stappen. Dat het goed is om af te ronden en andere dingen te gaan doen.'

TOEPASSING

De casus van Cristel

Stap 1 en 2   Voorbereiding en afstand scheppen tussen vraag en coachee. Contact maken met de beleving

Cristel voelt zich allesbehalve lekker. Ze zit onrustig en haalt af en toe heel diep adem. Haar nek doet pijn. Ze geeft aan dat ze moeilijk ruimte kan maken voor het focussen. Ze heeft een probleem dat zo centraal staat dat het alles overheerst. Twee dagen geleden heeft ze een knallende ruzie gehad met haar directe chef en dat zit haar geweldig dwars. Natuurlijk zijn er ook wel andere problemen, thuis en op het werk. Haar dochter Janneke was vorige week ziek thuis en de auto had mankementen. Kwam ze later nog in een file ook, waardoor ze een belangrijke afspraak miste! Eigenlijk de gewone dingen. Maar het ergste was die botsing met Fred, nota bene toen hij haar vertelde dat ze promotie zou maken.

Wat was er gebeurd? Het was na die mislukte afspraak dat Fred haar apart nam en vertelde dat ze de leiding zou krijgen over een nieuwe unit van de uitgeverij.

Cristel: 'Waarom werd ik boos? Ik had blij moeten zijn, Fred om zijn hals moeten vallen en gebak laten aanrukken. Maar nee, ik word kwaad. Kwaad waarom? Nou ja, ik had zo'n rotdag, niets lukte en dan zegt hij dat ik managerskwaliteiten heb en een eigen product mag gaan ontwikkelen. Ik ben gewoon nog niet zover. Al die verantwoordelijkheden, laat ik eerst mijn werk maar eens goed doen.'

Stap 3   Het ervaren gevoel van de vraag compleet maken
Cristel: 'Ik voel vooral pijn in mijn nek, het zit tegen hoofdpijn aan. Ik associeer dat met mijn gevoel voor verantwoordelijkheid. Het is alsof ik de kans krijg om te laten zien wat ik kan, maar dat het als iets heel zwaars aanvoelt. Kan ik het wel?'

Cristel analyseert niet, is niet ongeduldig, maar probeert ruimte te geven aan de vage, losse beelden die bij haar boven komen.

Cristel: 'Die pijn staat steeds centraler. Heeft dat ook met overbelasting te maken, met stress? Of met thuis, de kinderen? Ik wil zo graag fit zijn en alles kunnen. Maar ja...'

Stap 4   Het vinden van een handvat
Cristel: 'Gespannen, dat is het wel. Er komt zo'n beeld op van Atlas met die wereldbol op zijn nek. Dit is veel meer dan die ruzie met Fred. Er zit iets onder wat niet klopt, die spanning. En vooral die verantwoordelijkheden. Wil ik ze wel? Of wil ik gewoon het werk blijven doen dat ik nu doe? En goed. Promotie kan altijd nog als ik er echt aan toe ben.

Klopt dit met mijn ruzie met Fred? Ik weet het niet... niet helemaal. Ik wil Fred als baas niet kwijt, dat komt er ook bij, denk ik...'

De coach vraagt Cristel dit gevoel te omschrijven. Cristel: 'Alleen komen te staan... dat houdt me bezig.'

Stap 5 Handvat en ervaren gevoel laten resoneren
Alleen zijn. Cristel proeft als het ware of dit woord de kern is. Ze zet het af tegen de andere centrale beelden van verantwoordelijkheid dragen en spanning. Deze laatste twee horen er voor haar ook bij. Ze neemt de tijd om de beelden te laten resoneren. Alleen, verantwoordelijkheid, spanning... Ze toetst de beelden aan de werkelijkheid.

Stap 6 Vragen
De coach vraagt Cristel zich op het gevoel te concentreren dat de drie woorden oproepen.
Cristel: 'Ik voel mijn nek weer en ook een raar gevoel in mijn buik. Ik geloof dat ik gewoon bang ben voor zo'n grote stap. Ik kan het wel denk ik, zo'n unit leiden, maar ik wil er niet alleen in staan met alle verantwoordelijkheden en zonder Fred. Het moet een uitdaging worden en geen last.'
Coach: 'Wat vertellen die nekpijn en die buikpijn aan jou?'
Cristel, na een poosje: 'Ja, ik ben er bang voor. Ik wil geholpen worden, echte steun krijgen...'
Cristel zucht en ontspant zich.

Stap 7 Ontvangen
Cristel: 'Die stemmetjes roeren zich flink. Zo van: je moet toch blij zijn met je promotie! En: echt weer vrouwengedrag om te denken dat je het niet kunt. Je moet tegen een stootje kunnen in het bedrijfsleven! Laat die Fred toch los, je kunt het beter!'
Cristel schuift al die critici aan de kant en keert terug naar haar ervaren gevoel: 'Ja, ik ben niet bang meer als Fred bijvoorbeeld mijn mentor wordt. En misschien wil ik de leiding hebben in een duobaan. Daar denk ik nog eens verder over na.'

TIPS EN VARIATIES
1. De coach moet aandacht hebben voor de afwisseling in vragen stellen, antwoorden en het gebruik van stilte met name om bij het ervaren gevoel te komen. Laat de coachee met gesloten ogen werken.
2. Het stellen van vragen is gekoppeld aan de volgende twee voorwaarden: (1) Stel open vragen (empathisch, accepterend

en niet beoordelend). De vragen moeten ruimte geven. (2) Luister heel goed en laat merken dat je goed luistert (in eigen woorden bevestigen van wat de coachee zegt).
3   De grootste valkuil voor de coach is het ingaan op woorden, vragen, analyses, theorieën enzovoort. Blijf zo veel mogelijk bij het ervaren gevoel en geef degene die focust tijd en ruimte om bij dat gevoel te komen. Aandacht voor verschuivingen in het gevoel is essentieel. Hierin vind je als het ware de herformulering van het probleem.
4   De coachee kan ook leren focussen als een methode voor zelfhulp.

LITERATUUR

▷   Gendlin, E. (1999). *Focussen, gevoel en je lijf* (6e druk). De Toorts, Haarlem.
▷   Leijssen, M. (1999). *Gids voor gesprekstherapie* (2e druk). Elsevier/De Tijdstroom, Maarssen.
▷   Hendriksen, J. (2005). *Werkboek Intervisie* (4e druk). Nelissen, Soest.
▷   Weiser Cornell, A. (2000). *De kracht van focussen. Luisteren naar je lijf kan je leven veranderen. Een praktische gids.* De Toorts, Haarlem.

Identiteit en zingeving

TOOL 22 MEDITEREN: ZOEKEN NAAR DE ZIN VAN HET BESTAAN

INDICATIES
▷ Behoefte aan antwoorden op zingevingsvragen.
▷ Gebruiken van rust, ruimte en aandacht voor het onderzoeken van waarden en spiritualiteit.
▷ Afronden van een coachingstraject.

DOELSTELLINGEN
▷ Concentreren op zingevingsvragen en vragen rond de eigen identiteit.
▷ Gedachten concentreren op één vraag of gedachte.
▷ Bewustworden van het hier en nu.
▷ Helende emoties, inspiratie en creativiteit los laten komen.
▷ Jezelf openstellen voor andere bewustzijnslagen.

Mediteren is eenvoudig en is ingewikkeld. Als je eraantoe bent, is mediteren gedurende 15 minuten een peulenschil, als je er nog niet voor openstaat is 5 minuten al een kwelling. Het gaat bij een coachingstraject natuurlijk niet om een volledige leergang meditatie; wel kan de coach een voor beginners relatief eenvoudige ervaring bieden om geïnteresseerd te raken in het mediteren en er zelf mee verder te gaan. Een meditatieoefening kan ook de bekroning van een coachingstraject inhouden, omdat het mediteren zich in veel gevallen eigenlijk vanzelf richt op de wezensvragen, de zoektocht naar de zin van het leven en de daarmee verbonden vragen van alledag. Daar aandacht aan besteden is voor de coachee vaak een weldaad, een geschenk en een mooie afsluiting van een belangrijk traject. In mijn ervaring zijn mensen juist aan het einde van een coachingstraject wonderwel in staat om te mediteren en dat vaak ook een half uur vol te houden!

Mediteren genereert energie, geeft een positieve kijk op de wereld en vermoeit niet (zoals nadenken wel doet).

Psychologen en fysiologen zeggen dat meditatie een volledige ontspanning is. Anderen zeggen dat mediteren een vorm van zoeken naar spiritualiteit betekent. Hoe je er ook tegenaan kijkt, juist voor de werkende mens (de doelgroep van coaches), manager of werknemer, is de kracht van mediteren dat het een brug slaat tussen werk en de coachee zelf.

De rol van de coach is gericht op ondersteunen van het mediteren, waarbij hij duidelijk maakt dat hij de leiding heeft in deze setting. De coach spreekt de oefeningen op rustige toon, helpt waar nodig bij het zitten of liggen en geeft tijdig aan wanneer de meditatie voorbij is.

De volgende meditatieoefeningen zijn uitgeschreven als instructies van de coach voor zijn coachee.

Oefening 1 Zitmeditatie
1. Ga zitten in een rustige ruimte op een vloerkleed, een kussentje, eventueel een meditatiekrukje of gewoon op een stoel. Zit met rechte rug.
2. Adem diep, sluit je ogen en ontspan je lichaam zoveel mogelijk.
3. Kies een woord of een gedachte met een speciale betekenis (bijvoorbeeld 'loslaten').
4. Adem rustig door je neus in en door je mond uit. Herhaal het woord in gedachten of zeg het zachtjes. Blijf je richten op rust, ontspanning en ademhaling in combinatie met het woord of de gedachte.
5. Houd dit de eerste keer zeker 5 minuten vol.
6. Dezelfde oefening kan ook liggend op de grond gedaan worden, met eventueel kussentjes onder hoofd, lendenen en knieën.

Oefening 2 Mandarijn
1. Leg een mandarijn op een bord en sluit je ogen.
2. Zet je gedachten en (voor)oordelen opzij, open je ogen en bekijk de mandarijn alsof je hem voor het eerst ziet. Neem vorm, kleur en grootte in je op.
3. Pel de mandarijn en ervaar hoe dat aanvoelt in je vingers: gewicht, sap, structuur van de vrucht, weerstand.
4. Breng een stukje naar je lippen en wacht even voor je begint te eten. Ruik aan de mandarijn, open je mond, bijt er een stukje af en proef alles.
5. Eet de mandarijn langzaam op en blijf je bewust van je gewaarwordingen.
6. Bedenk dat dit de eerste en laatste mandarijn is die je ooit zult eten en word je bewust hoe het is om langzaam te eten.

Oefening 3 Halve glimlach
1 Vorm met je lippen een halve glimlach. Merk hoe je lichaam hierop reageert en of je weerstand voelt. Houd vol.
2 Houd deze glimlach ten minste 10 minuten vol, terwijl je je inbeeldt dat je naar je eigen werkplek kijkt. Stel je deze plek zo levendig mogelijk voor, met al je zintuigen.
3 Wees je bewust van de schoonheid van die plek. Geniet ervan.
4 Stel in deze vredige rust een levensvraag centraal die relatie heeft met je werk en eventueel je privéleven. Kijk ernaar, observeer, laat het gebeuren, onderzoek de vraag van alle kanten in een volledig ontspannen houding.
5 Doe dit zo lang als nodig is.

TOEPASSING

Reflectievoorbeeld
Naar aanleiding van de meditatie in tool 3 kreeg ik eens de volgende brief van een bedrijfsdirecteur.
'Je hebt me als verrassing een meditatie geschonken. Dat was heel bijzonder. Na een minuut of... (ik weet het niet!) centreerden mijn gedachten zich op het raam van mijn kamer. Het was alsof ik niets anders kon dan naar buiten kijken. Ik weet niet of ik nog glimlachte. Het park naast ons bedrijf kwam heel helder in beeld, zonnig en warm, en in dat park zag ik onze hond lopen. Toen moest ik erg aan thuis denken en aan het feit dat ik deze week weer tachtig uur moest werken. Ik kreeg tranen in mijn ogen en dacht: waar doe ik het toch voor... waarom heb ik een gezin, waar doe ik dit alles voor...
Kijk, daar gaat het dus echt om. Die workload die ik me opleg, is te gek, ik doe iets niet goed op mijn werk en dat moet veranderen. Dat wil ik. Morgen en niet overmorgen. Het inzicht dat het roer radicaal omgegooid moet worden en niet stapje voor stapje is een belangrijk inzicht dat ik aan deze meditatie ontleen. Ik heb dezelfde dag een directie-assistent gezocht en na een week benoemd. Dat gaf me wel een kick!
Ik heb een lang weekend vrij genomen en we zijn weg geweest met het gezin. Er was een moment dat ik me verveelde en mijn laptop wilde pakken. "Je hebt ontwenningsverschijnselen", zei mijn overigens dolgelukkige vrouw. Ik glimlachte en dacht aan de meditatie met jou.

Die meditatie was zo raak, veel raker dan onze laatste gesprekken. Misschien heb ik me verstopt voor de ultieme consequentie, want jij hebt me er wel naar gevraagd. Ik was kennelijk zover nog niet. Ik wil je voor dit geschenk bedanken, per handgeschreven brief, want dat is eigenlijk zo mooi.'

TIPS
1. Richt de focus van de coachee op een brandende kaars.
2. Zet eventueel zachte, rustige muziek op.
3. Probeer 10-15 minuten te mediteren. In het middendeel ben je dan vaak enkele minuten diep geconcentreerd.
4. Soms is 5 minuten het maximaal mogelijke, soms wil een coachee langer mediteren. Hij kan dit met een woord of een handbeweging aangeven.
5. De coach heeft te allen tijde de leiding over de meditatie, kan ingaan op verzoeken, maar kan ze ook afwijzen.
6. Er zijn in de boekhandel tientallen boeken en cd's met oefeningen te koop en er zijn vele cursussen om de grondslagen van het mediteren te leren.

LITERATUUR
▷ Bodian, S. (2005). *Mediteren voor Dummies.* Addison Wesley/Pearson Education Benelux.
▷ Lasalle, H. (1972). *Inleiding tot de Zenmeditatie.* Ambo, Bilthoven.

3 Reflectie als cyclisch proces

3.1 Inleiding

In dit afsluitende hoofdstuk bespreek ik de misschien wel belangrijkste 'tool' voor de personal coach: zijn vermogen te reflecteren op wat er zich heeft voorgedaan tijdens (maar ook voor en na) het gesprek. De inzichten die door het reflectieproces ontwikkeld worden, zijn wellicht het krachtigste instrument voor de verbetering van de kwaliteit van coaching (en de daarmee samenhangende werkvormen en methoden), omdat hier de motor voor verandering en verbetering van de werkwijze van de coach zélf te vinden is. Of de coach puur een praatcoach is, energetisch of haptonomisch werkt of dat hij tools inzet ter bewustwording en voor onderzoek, altijd moet dat vergezeld gaan van een goed ontwikkeld vermogen tot reflecteren. De coach hanteert deze vorm van leren niet alleen voor zijn eigen kwaliteitsverbetering, maar ook voor versterking van het betreffende coachingstraject.
Ik prefereer een korte en krachtige omschrijving van reflectie zoals Korthagen dat doet (in Fonderie & Hendriksen, 2002):
Iemand reflecteert als hij zijn ervaringen probeert te herstructureren.
Door te leren van je eigen gedrag (dat heet herstructureren) doe je de dingen anders, beter, op een dieper niveau dan voorheen. Het kijken in de spiegel levert nieuwe inzichten en handelingsperspectieven op. Je denkkaders worden als het ware opgerekt.

Achtereenvolgens licht ik in dit hoofdstuk een aantal kernbegrippen toe die met reflectie samenhangen, aangevuld met voorbeelden van reflectieverslagen en met een aantal tools die de coach kan hanteren met het oog op bezinning op eigen gedrag en het formuleren van nieuw gedrag.
De opzet van dit hoofdstuk wijkt af van het voorgaande omdat reflectie naar mijn mening een onderwerp is waar langer theoretisch bij stilgestaan moet worden om te verhelderen hoe met reflectie geoefend kan worden.

3.2 Denkend over reflectie...

Reflectie wordt vaak omschreven als 'nadenken'. Zoiets als: 'Ik heb nagedacht, dus ik heb gereflecteerd...' Dat nadenken slaat dan op een conclusie die snel getrokken wordt uit een gebeurtenis, een oefening of een coachingsgesprek, zonder stil te staan bij mogelijke oorzaken en alternatieven, conceptuele achtergronden en te maken keuzes. Een coach in opleiding schrijft bijvoorbeeld in zijn reflectieverslag over een coachingssessie: 'Ik was me vandaag bewust van mijn valkuil en dat is goed verlopen.'
Weet je het dan? Wat is er gebeurd? Wat is er eerder gebeurd? Wat riep dit op aan gevoelens, gedachten en hypothesen bij deze coach in spe? Waar gaat het in de kern om? Hoe kan het zich bewust worden van de valkuil vertaald worden in nieuw en ander gedrag? Wanneer wordt welk nieuw gedragsexperiment uitgevoerd? Wat is het resultaat? Wat is er werkelijk geleerd en wat is er gedragsmatig bij de coach veranderd? Wat kan er nog beter? Er zijn vragen te over.
Inderdaad hebben we vaak de neiging om onder invloed van de dagelijkse hectiek snel een conclusie te trekken, een beslissing te nemen of een uitspraak te doen zonder te onderzoeken om welke concrete situatie het nu werkelijk gaat en of de getrokken conclusie de (enige) juiste is.
Reflectie vraagt om onderzoek, overwegingen, om het afwegen van mogelijkheden. En om keuzes en oefening en bijstelling. Dat vraagt dus tijd, afstand nemen, ruimte. In de managementliteratuur is na te lezen dat de gemiddelde manager grote behoefte heeft aan deze vorm van rust en tijd, maar er geen tijd voor neemt. De coach kan door te reflecteren op het coachingsgesprek juist de benodigde spiegeling bieden aan die drukke manager. Dat is meer dan nadenken. Het is zoeken en misschien ook wel zeuren, grenzen oprekken, nieuwe alternatieven ontwikkelen, tijd en rust gebruiken om bij de echte kern van het probleem te komen, bij wat je in jezelf te verbeteren hebt. Zonder je te fixeren op de balk in het oog van de ander.
Reflectie wordt ook vaak als synoniem gebruikt voor het begrip 'evaluatie'. Bij reflectie ligt het accent echter op onderzoek van het gedrag in een concrete situatie van één persoon, terwijl bij evaluatie sprake is van een persoonlijke of groepsgewijze beoordeling van een afgerond product of een fase in de ontwikkeling daarvan. Evaluatie kent een sterke taakbetrokkenheid. Bij reflectie

leer je over je eigen gedrag (om de volgende keer niet opnieuw in dezelfde valkuil te stappen) en bij evaluatie beoordeel je (samen) of dit coachingstraject wel leidt naar de doelstellingen die vooraf afgesproken waren.

3.3 Reflectie als ondersteuning voor de professional

Bij Korthagen ligt het accent op *gedragsverandering* via reflectie, terwijl Merkies (2000) zich meer richt op het verhelderen van inzichten, gevoelens en wensen die het de professional mogelijk maken zijn toekomstig handelen te verbeteren. Het accent ligt in deze omschrijving meer op het *leerproces*:

Reflectie is het nadenken over de uitvoering en de aanpak van een activiteit met bijzondere aandacht voor de inbreng van de eigen persoon, de persoonlijke inzichten, gevoelens en wensen die een factor waren in wat er gebeurde.
Dit met het oog op toekomstig handelen in nieuwe situaties waarin de persoon voor het vinden van een professionele aanpak is aangewezen op persoonlijke inzichten, gevoelens en wensen.

Het gaat in deze omschrijving om drie punten:
1 het nadenken over een concrete activiteit;
2 de persoon zelf (inzichten, gevoelens, wensen);
3 het toekomstig handelen.

De logica van deze omschrijving is te begrijpen wanneer we de volgende tekst uit een reflectieverslag van een coach in opleiding nauwkeurig lezen.

In dit coachingsgesprek probeerde ik mijn coachee te ondersteunen bij haar zoekproces. Zij nam erg veel tijd om tot een afgewogen keuze te komen. Ik ben blij dat ik vanuit mijn eigen ervaring de coachee in de goede richting geleid heb en nog een paar tips heb kunnen geven om de kwestie aan te pakken en verder uit te werken.
Nu vraag ik mij af of ik niet een kans heb laten liggen. Ik wilde dat zij met een oplossing naar huis ging en ik hielp bij de keuze van de oplossing. Dat deed me goed omdat ik iets van mijn eigen kwaliteiten en ervaringen kon inbrengen. Dat stemt tot tevredenheid. Maar mijn tips kwamen eerst niet binnen en dat brengt mij nu aan het twijfelen: heb ik niet te veel de verantwoordelijkheid bij de coachee weggehaald? Ga ik

dan duwen en trekken? Doe ik dat wel vaker? Waarom doe ik dat? Is het een gedragspatroon bij mij? Al wil ik het niet zo, hoe komt het toch dat ik steeds weer in deze valkuil stap? Wat houdt me eruit? Wil ik het anders? Kan ik het anders?
In een volgend gesprek neem ik mij voor van het adviseren weg te blijven en te accepteren dat iemand een andere keus maakt dan ik. Wel op grond van argumenten. En een tip geef ik zeker niet als eerste, misschien wel helemaal niet. Ik wil mijn coachees ondersteunen in het maken van eigen keuzes en het onderzoeken van hun eigen oplossingen.

In dit gespreksverslag zien we dat er een poging gedaan wordt om een concrete situatie te beschrijven, liefst zoveel mogelijk zonder interpretaties, gewoon feitelijk. De vraag is of dat in dit voorbeeld gelukt is. De tweede zin doet vragen opkomen als: Wat was de onderzoeksvraag? Welke opties waren er genoemd? Wat is 'erg veel tijd'? Vervolgens gaat de coach in opleiding zich een aantal vragen stellen zonder nader onderzoek naar de antwoorden. Het focussen op een centrale vraag blijft achterwege. Waar draait het voor de coach om bij deze reflectie: een vooroordeel, een gedragspatroon, een norm? Graag adviseur willen zijn, goed voor de dag komen, een tevreden coachee hebben?
De coach formuleert in de laatste alinea van zijn verslag een voornemen zonder concreet te maken hoe hij uit het adviseren kan wegblijven (en hoe is te controleren dat het lukt?). Waar komt zijn adviseursgedrag vandaan? (beroepsopleiding? socialisatie?). Het voornemen de coachee te ondersteunen bij het maken van eigen keuzes lijkt erg braaf in de pas te lopen met de uitgangspunten voor coaching. Dat lijkt een open deur, maar het is de vraag of er bij de coach wezenlijk iets veranderd is.
In de laatste alinea van het verslag is er dan wel sprake van 'herstructureren van gedrag' (Korthagen), maar zonder expliciet te maken welke inzichten, gevoelens en wensen er een rol speelden bij de uiteindelijke herstructurering van het gedrag. Bij het expliciet maken van inzichten, gevoelens en wensen (Merkies) kan het bijvoorbeeld ook een conclusie zijn dat de betreffende coach de volgende keer met deze coachee bespreekt of er überhaupt behoefte is aan adviezen en tips. En het kan goed zijn dat de coachee er wel prijs op stelt, al was het maar om de volle breedte van mogelijkheden te beoordelen.

3.4 De reflectiecyclus

Voorgaande wijze van leren lijkt sterk op wat Kolb beschreven heeft in zijn cyclisch leermodel dat van concrete ervaring naar observatie en reflectie, vervolgens naar abstraheren en conceptualiseren en tot slot naar actief experimenteren leidt (Kolb, 1983; Hendriksen, 2006). De reflectiecyclus in figuur 6 is dan ook als een afgeleide van dit cyclische leren te zien. Door stil te staan bij de gebeurtenis en bij de eigen gevoelens, waarnemingen en inzichten van de coach kan hij zijn toekomstig gedrag herstructureren. Pas dan kan hij de coachee beter ondersteunen bij zijn vraag.

De reflectiecyclus kent de volgende fasen (zie ook figuur 7):
1. Beschrijven van de concrete ervaring en van de onderzoeksvraag.
2. Onderzoek doen naar de onderzoeksvraag.
3. Bepalen van de kernvraag of -vragen.
4. Vaststellen van de nieuwe actie (de toekomstige handeling of het nieuwe gedrag).

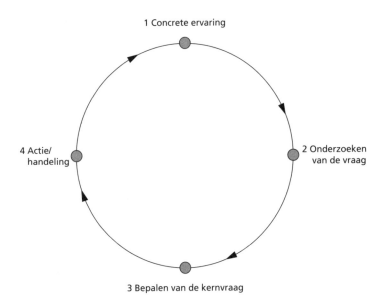

Figuur 6 De leercyclus bij reflectie

FASE 1 DE CONCRETE ERVARING EN DE ONDERZOEKSVRAAG

Bij deze eerste essentiële stap naar reflectie wordt feitelijk en concreet de betreffende situatie beschreven. In ons voorbeeld zou dat als volgt omschreven kunnen worden: 'Ik help de coachee bij haar keuze en gaf twee tips. Deze fase duurde veertig minuten.' Beschrijf hier geen interpretaties, gevoelens, vermoedens, oordelen, associaties of conclusies (bijvoorbeeld: 'Zij nam erg veel tijd'). Beschrijf slechts het objectief waarneembare gedrag en de situatie. De feiten gaan voor zichzelf spreken.

Deze eerste fase wordt afgesloten met de omschrijving van de onderzoeksvraag. In ons voorbeeld kan dat zijn: wat puzzelt mij toch in mijn eigen gedrag in deze situatie? Of: waar zit mijn verbazing, mijn verwondering? In modieus trainersjargon: wat triggert mij in deze situatie?

Geef nog geen antwoord op je onderzoeksvraag. Onderzoek eerst.

FASE 2 HET ONDERZOEKEN VAN DE VRAAG

In deze fase kunnen vragen gesteld worden als:[4]

▷ Wat wilde ik? (verwijst naar de doelstelling).
▷ Wat dacht ik? (verwijst naar oordelen, beelden, associaties enzovoort).
▷ Wat voelde ik? (verwijst naar lichamelijke gewaarwordingen).
▷ Welke non-verbale signalen kreeg ik? (van de ander of van mezelf).
▷ Waarmee was de coachee bezig? (verwijst naar invoelen en interpreteren).
▷ Wat zie ik mogelijk over het hoofd? Welke vragen heb ik nog?

Zo'n onderzoek gaat de breedte en de diepte in en benoemt wat er bij de vraagstelling een rol speelt. Er is sprake van een *zelfonderzoek* van de coach en het gedrag van de coachee is daarbij ondersteunend.

---

[4] De vragen naar doen, willen, denken en voelen zijn ontleend aan Korthagen (in Fonderie & Hendriksen, 2000).

Wanneer deze situatiegebonden vragen zijn beantwoord, kan het onderzoek in een bredere context geplaatst worden. Dan komen er vragen over de volgende thema's aan de orde:
▷ Achterliggende opvattingen, ideeën, waarden en normen.
▷ Achterliggende oordelen, gedragspatronen en valkuilen.
▷ Maatschappelijke, contextuele factoren.
▷ Theoretisch van belang zijnde noties (bijvoorbeeld: hangt mijn behoefte aan adviseren samen met een grote behoefte aan hulpverlenen of een behoefte aan succes en dankbaarheid?).

FASE 3 FOCUSSEN OP DE KERN
Al zoekend, associërend, tastend en proevend komt de reflecterende coach tot de kern. Er groeit een idee van: hier draait het om, op dit punt kan ik mij professioneel verbeteren.
In ons voorbeeld kan de coach zich mogelijkerwijs realiseren dat hij een oud gedragspatroon met zich meedraagt, namelijk: adviseren. Maar er kunnen open eindjes blijven. De vraag wordt dan niet onmiddellijk opgelost. Het kan heel goed zijn dat zo'n open eindje pas later opgehelderd wordt wanneer het coachingstraject enkele gesprekken verder is. Of misschien wel nooit. Juist die puzzelstukjes zijn vaak materiaal om in een intervisiegroep of met een eigen coach te bespreken en te koppelen aan de theorievorming over coaching, psychologie, communicatieleer, organisatiekunde enzovoort.
In het algemeen helpt het om de kern te zoeken bij:
▷ zich herhalende gedragspatronen waardoor de coach keer op keer in dezelfde valkuil stapt;
▷ zich (haast onbewust) vastzettende oordelen of verwachtingen ten aanzien van de ander;
▷ eigen vastgeroeste overtuigingen (ook vaak onbewust van aard);
▷ het over het hoofd zien van factoren die te maken hebben met de context van de coachee (de organisatie, het systeem);
▷ gebrek aan theoretische kennis;
▷ je blinde vlek (datgene waar je niet direct aan denkt en waar een ander je op wijst).

FASE 4 ACTIE/HANDELING
In de actiefase leidt het reflectieproces tot het ondernemen van een nieuwe stap: een voornemen tot verbetering. De coach uit

ons voorbeeld kan het gesprek (met bijvoorbeeld zijn voornemen om de ander met voorstellen te laten komen en zelf te laten kiezen) op video opnemen en vervolgens checken of hij in de fout gaat of niet. De actievoornemens kunnen ook SMART gemaakt worden (Specifiek, Meetbaar, Acceptabel, Realistisch, Tijdgebonden) waardoor de coach zelf kan controleren of zijn nieuwe gedrag ingeoefend wordt, resultaten oplevert en geïnternaliseerd wordt.

Op dat moment wordt het leren cyclisch: op een dieper niveau van kennis en kunde wordt het leren voortgezet om opnieuw via reflectie te veranderen.

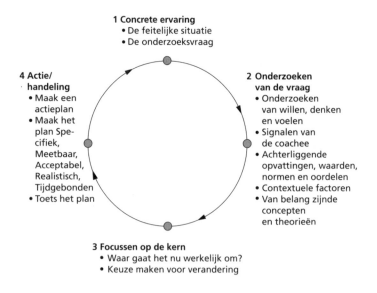

Figuur 7   De leercyclus nader uitgewerkt

De onderzoeksfase is het meest reflectief van aard, maar heeft geen functie zonder vraagstelling enerzijds en het bepalen van de kern van de zaak en de actie anderzijds. Reflecteren vraagt om het ontwikkelen van een specifieke kunde bij de coach, namelijk:

▷   Reflectie veronderstelt het vermogen om vanuit een zekere afstand het eigen handelen te beschouwen en essentiële aspecten ervan te onderkennen.

▷ Reflectie veronderstelt vergelijking van verschillende handelwijzen, bijvoorbeeld in dialoog met anderen, met zichzelf of met behulp van theoretische inzichten.
▷ Reflectie veronderstelt onderzoek van eigen overtuigingen en oordelen met het oog op het ontdekken van blokkerende patronen.
▷ Reflectie veronderstelt een generalisatie- en herstructureringsproces: onderdelen van de aanvankelijke interpretatiekaders (het persoonlijk werkconcept) worden vervangen.

Vooral de actiegerichte doeners onder ons hebben de neiging om onder invloed van de werkdruk voorgaande randvoorwaarden voor reflectie te negeren. Vanuit een bepaalde ervaring wordt een snelle conclusie getrokken en onmiddellijk de stap gemaakt naar de oplossing, zonder alternatieven te onderzoeken en zeker niet door na te gaan welk eigen aandeel er in de genoemde situatie een rol speelt. Kort door de bocht leren noem ik dat (zie ook figuur 8). Natuurlijk zijn er situaties in het management die om snel handelen en snelle beslissingen vragen, maar dat neemt niet weg dat de kwaliteit van het werk vergroot wordt als in rust teruggekeken kan worden op de ondernomen acties.

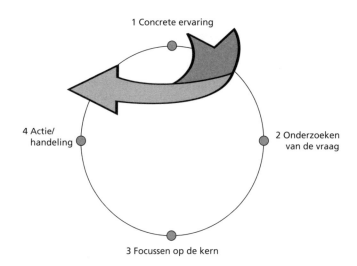

Figuur 8   Problemen oplossen in plaats van reflecteren (kort door de bocht leren)

3.5 Reflectie tijdens en na het handelen

In de Amerikaanse literatuur over reflectie wordt onderscheid gemaakt tussen *reflection in action* en *reflection on action*. Deze begrippen staan voor het reflecteren *tijdens* het handelen en reflecteren *na afloop* van het handelen. Men gaat ervan uit dat reflectie op een probleem zich niet alleen na het werk, maar ook tijdens de werkzaamheden voordoet (Schön, 1983; Merkies, 2000; Hendriksen, 2005). Schön zegt dat professionals hun fouten zoveel mogelijk al tijdens het werk – al reflecterend – verbeteren. Een coach is al pratend op zoek, ontwikkelt hypothesen, verwerpt hypothesen, luistert, vraagt door, intervenieert en is al reflecterend op zoek naar de juiste vragen die het coachingsgesprek vooruit helpen.
Wanneer de coach tijdens het gesprek tegen een lastige vraagstelling aanloopt (bijvoorbeeld: deze coachee doet wel erg lang over het maken van een keuze), kan op grond van ervaring een aantal hypothesen de revue passeren of een mogelijke diagnose gesteld worden, waarna direct relevante vragen worden gesteld of interventies plaatsvinden. Diagnose, onderzoek, oplossing en uitproberen lopen soms door elkaar en heel vaak buitelt de volgende vraag al over de eerste heen. De vraag wordt opnieuw geformuleerd en van een onderzoeksrichting of oplossing voorzien. Vanuit een eerst moeilijk in te schatten situatie ontwikkelt zich een experimentele zoektocht naar de werkelijke vraagstelling die leidt tot nieuwe kennis en inzichten. Dat is leren tijdens het werk en dat gaat vaak snel en levert nieuwe kennis op (in de zin van attituden, vaardigheden en theorieën). Reflectie tijdens actie vraagt om een open klimaat, gericht op experimenterend leren. Met andere woorden: als er fouten gemaakt mogen worden tijdens een coachingsgesprek, zonder dat coach of coachee daar op afgerekend worden, is er ruimte voor *reflection in action*. Uiteraard gaat reflection in action ook op voor de coachee die al pratend leert aan nieuwe inzichten ('Waarom heb ik zo'n moeite met het maken van een keuze?').
Door groeiende inzichten en een grotere helderheid in de vraagstelling kan veel reflectie al tijdens het coachingsgesprek plaatsvinden, vooral op basis van gerichte interventies of in te zetten tools.

Reflectie na handeling is ons als begrip vertrouwder (zie paragraaf 3.1 tot en met 3.4). Juist om niet in routines te verzeilen, wordt reflectie na handeling door Schön belangrijk gevonden (denk weer aan al die mensen die door drukte nooit aan reflectie op het eigen handelen toekomen).
Reflection on action heeft grote pluspunten:
1 Er wordt in rust teruggekeken op het proces en de daarbij herkenbare patronen, oordelen, structuren of strategieën, waarden en normen. De reflectiesituatie wordt fundamenteel bekeken ter voorkoming van herhaling in de toekomst. Staat reflectie tijdens de handeling voor snelle, maar overwogen beslissingen, bij reflectie na de handeling worden ook waarden en normen, houdingen en oordelen besproken.
2 Mensen met veel werkervaring vallen terug op routines. Oplossingen worden dan gevonden op de automatische piloot. Juist reflectie na de handeling zet de ervaren mens aan om uit deze routines te stappen en gemotiveerd zijn werk te blijven doen.
3 Volgens Schön geven verrassingen en verwondering tijdens het werk de grootste motivatie tot leren, tot onderzoek. Daar ontstaat de drive naar nieuwe kennis en nieuw gedrag.

De mooiste vraag als start voor een reflectiegesprek is voor mij nog steeds de vraag van Schön: *Waar zit voor jou de verwondering in de door jou beschreven situatie?*
Wat er bij de beantwoording van die vraag gebeurt, is dat het betreffende gevoel bij een gesprek onmiddellijk en spontaan verwoord wordt en vaak leidt tot het reflectiepunt waar het om draaide tijdens dat gesprek.
De vraag naar de verwondering is de ideale startvraag om direct na afloop van het gesprek aantekeningen te maken, die later in een formeel verslag uitgewerkt kunnen worden.

3.6 Ondersteunende mogelijkheden bij reflectie

▷ *Van een afstand beschouwen*
Bijvoorbeeld: videoband beluisteren, verbatim uitschrijven, reflectieverslag schrijven. Je kunt deze uitwerkingen ook bespreken met de coachee of, wanneer dat het doel van de coaching dient, de coachee een reflectieverslag laten schrijven.

▷ *De essentie pakken*
Je kunt de vraag beantwoorden: Wat is het kernpunt van de beschreven situatie? Waarom? Je gaat hoofdzaken van bijzaken scheiden.

▷ *Vergelijken met andere ervaringen*
Deel je ervaringen met anderen, bijvoorbeeld in een intervisiegroep of met een eigen coach. Luister naar hun ervaringen. Wissel uit en spoor overeenkomsten en verschillen op. Sta open voor tips, het ontdekken van witte plekken en confronterende opmerkingen.

▷ *Generaliseren*
Je stelt bijvoorbeeld de vraag: wat heeft deze ervaring gemeen met andere ervaringen? Wissel vergelijkbare ervaringen uit en trek je conclusies. Zoek patronen in je gedrag.

▷ *Onderzoeken van je eigen interpretatiekader*
Let op het referentiekader dat je gebruikt. Bijvoorbeeld: is je coaching erg gericht op de persoon van de coachee zelf, op het team of op de hem omringende organisatiecontext? Of streef je juist een balans na?
Of: interpreteer je vanuit je eigen oordelen, waarden en normen en belemmeren of bevorderen deze het gesprek?

▷ *Kijk naar je kennis van zaken*
Om goed te begrijpen waar het bij je focuspunt om gaat, kan het van belang zijn om de theorieboeken er op na te slaan, bijvoorbeeld over organisatieconcepten, veranderkundige inzichten, therapeutische benaderingswijzen, teamcoaching enzovoort.

▷ *Link leggen naar toekomstig handelen*
Wat neem je uit deze situatie mee naar je eigen handelen in de toekomst? Kun je dit concretiseren? Hoe kun je dit voorgenomen handelen uitproberen?

▷ *Zelfsturing*
Hoe stuur je jezelf in de genoemde activiteiten? Hoe motiveer je jezelf? Wat heb je uit je omgeving nodig? Hoe houd je de reflectie gaande?

▷ *Scholing*
Richt je bijscholing op die scholingen waar reflectie gezien wordt als motor voor het leren en een integraal onderdeel vormt van het totaalaanbod.

3.7 De tools voor reflectie

3.7.1 Richtvragen voor het reflectieverslag

FASE 1 CONCRETE ERVARING
▷ Wat is er gebeurd?
▷ Welk feitelijk, objectief waarneembaar gedrag vertoonde ik? En mijn coachee?
▷ Wat is je onderzoeksvraag?
Beschrijf je handelen/je ervaringen zo precies en feitelijk mogelijk.

FASE 2 HET ONDERZOEK
▷ Wat wilde ik bereiken? (verwijst naar de doelstelling).
▷ Wat dacht ik? (verwijst naar oordelen, beelden, associaties enzovoort).
▷ Wat voelde ik? (verwijst naar emoties en gevoelens).
▷ Welke non-verbale signalen kreeg ik? (bij de ander of bij mezelf).
▷ Waar was de coachee mee bezig? (verwijst naar invoelen en interpreteren).
▷ Welke zijn je achterliggende opvattingen, ideeën, waarden en normen?
▷ Welke zijn je achterliggende oordelen, gedragspatronen en valkuilen?
▷ Welke theoretische noties zijn van belang?
▷ Wat zie ik mogelijk over het hoofd? Welke vragen heb ik nog?

FASE 3 DE FOCUS BEPALEN
▷ Hoe hangen de antwoorden op de vorige vragen met elkaar samen?
▷ Wat is daarbij de invloed van het gedrag van de coachee?
▷ Wat betekent dat nu voor mij?

- ▷ Wat is dus de kernvraag/het probleem/mijn herformulering van het probleem?
- ▷ Welke ontdekking doe ik daarmee?

FASE 4 ACTIEPLAN MAKEN
- ▷ Welke alternatieven zie ik voor de beantwoording van mijn vraag of probleem?
- ▷ Welke voor- en nadelen hebben die?
- ▷ Welke keuze maak ik?
- ▷ Wat neem ik mij voor ten aanzien van het volgende gesprek?
- ▷ Hoe ga ik dit praktisch doen en toetsen?
- ▷ Wat heb ik ervan geleerd?

3.7.2 Het reflectieverslag

Naam coach	Naam coachee .... Datum ....
De vraag van de coachee	
Verwerking 'huiswerk' door de coachee	
Beschrijving gesprek: ▷ Onderzoek ▷ Herformulering ▷ Opties/keuze ▷ Actieplan ▷ Vervolg huiswerk	
Mijn interventies	
Mijn verrassingen of verwondering	

REFLECTIE ALS CYCLISCH PROCES

Naam coach	Naam coachee .... Datum ....
Mijn reflectie: ▷ Concrete ervaring ▷ Onderzoek ▷ Kernpunt ▷ Actie	
Mijn voornemens tot nieuw handelen voor het volgend gesprek	
Wat ik wil vasthouden	

3.7.3 Voorbeeld van een reflectieverslag

Naam coach	Naam coachee Sjef Datum ....
De vraag van de coachee	Hoe kan ik zelf in beweging komen in lastige situaties?
Verwerking 'huiswerk' door de coachee	Sjef heeft voor vandaag drie observaties meegenomen van situaties waarin hij het gevoel had te bevriezen bij reacties van collega's op zijn werk.
Beschrijving gesprek: ▷ Onderzoek ▷ Herformulering ▷ Opties/keuze ▷ Actieplan ▷ Vervolg huiswerk	We bespreken de eerste observatie. Sjef beschrijft een situatie met een nieuwe collega die hij graag wilde betrekken bij zijn nieuwe project. Hij vindt het een leuke manier om elkaar te leren kennen, maar hij denkt ook dat deze collega hem adequaat bij dit project kan helpen. De collega weigert onmiddellijk:

153

Naam coach	Naam coachee Sjef Datum ....
	'Ik heb geen tijd, mijn agenda zit de eerste drie weken al stampvol.' Sjef voelt zich meteen afgewezen en zegt alleen: 'Jammer, het leek mij zo'n goed idee.' Achteraf is Sjef ontevreden over zichzelf omdat hij zijn collega zo had laten weggaan en niet met hem doorgepraat had over alternatieven. Hij vindt het moeilijk om deze teleurstelling te verwerken, een gemiste kans ook. Ik vraag Sjef stil te staan bij zijn gevoel van ontevredenheid. Wat is dat voor een gevoel? Tja, teleurstelling en eigenlijk ook boosheid. Boosheid op die botte collega en op zichzelf. Wat houdt je tegen om dat je nieuwe collega te vertellen, vraag ik. Sjef vertelt dat hij een soort van moedeloosheid voelt op zo'n moment. En achteraf spookt het door zijn hoofd: waar doe ik het voor, er kan hier nooit iets, wil ik hier wel blijven werken, ik krijg er geen energie van, ik zit een beetje op mijn eindstation. Zijn geherformuleerde vraag luidt: Ben ik nog wel te motiveren voor dit werk? Wil ik niet veranderen van werkkring of van functie? Er ligt nu een keuze tussen werken aan zijn vraag bij aanvang van het gesprek (Hoe kom ik in beweging?) en de in tweede instantie geformuleerde vraag (Wat doe ik met mijn moedeloosheid?). Sjef kiest ervoor om te werken aan de eerste vraag, die hem namelijk iedere dag dwarszit: hoe kom ik in een lastige situatie in beweging?

REFLECTIE ALS CYCLISCH PROCES

Naam coach	Naam coachee Sjef Datum ....
	Hij vindt dat de twee vragen verbonden worden door het in beweging komen, maar hij wil eerst klein beginnen. De andere vraag komt een volgende keer wel aan de orde. We oefenen met de stoelenmethode. Sjef speelt zichzelf tegenover zijn collega. Ik speel zo echt mogelijk zijn collega en coach Sjef op zijn reacties. Stap voor stap komt hij met zijn reacties echt in beweging. Eerst wollig, later direct, kort en duidelijk. Ik wissel de rollen en laat hem voelen wat het is om zijn collega te zijn. Dan springt hij letterlijk op: 'Dit helpt me', roept hij, 'ik zal het hem eens heel direct zeggen. Zo moeilijk is dat nu ook weer niet!' Ik zie hem bruisen van energie, ik voel me daar blij en tevreden bij. Er is echt beweging, voor de eerste keer. Sjef wil de komende week een nieuw en goed gesprek met zijn nieuwe collega. Op afspraak een uur vastleggen in de agenda's en serieus kijken naar mogelijkheden voor samenwerking, misschien niet direct, maar eventueel later.
Mijn interventies	▷ Ben je je bewust waarom je kiest voor deze optie? Wat is je winst als je dat doet en wat laat je liggen? ▷ We gaan dit nieuwe voornemen oefenen met de stoel.
Mijn verrassingen of verwondering	Mijn verwondering zit in mijn verbazing dat Sjef uit zijn lethargie kon komen, enthousiasme en beweging kon laten zien. Ik merk dat ik dat niet zo snel verwacht had.

Naam coach	Naam coachee Sjef Datum ....
Mijn reflectie: ▷ Concrete ervaring ▷ Onderzoek ▷ Focus ▷ Actie	Mijn gedachten haken steeds op het in beweging komen. Ik zie Sjef echt bewegen en ben daar blij mee. Ben ik niet te snel blij? Is dit wel voldoende doorgeoefend? Was dit niet een kortetermijnsuccesje? Hij gaat vol energie weg, maar dan... Ergens voel ik me tekortgeschoten: had ik meer willen oefenen, veranderen, helpen? Vertrouw ik wel op Sjef en zijn acties de komende week? Kan ik hem wel loslaten? Of zat het in de wat simpele huiswerkafspraak? Ik voel me bezorgd, over hem en over mijn optimisme van dat moment. Alsof ik toch weer zorgen wil, erbij wil zijn. Wat eigenlijk als het hem niet lukt? Ben ik dan een slechte coach? Of is hij een watje? Wat is nu de kern van dit verhaal? Ik denk dat het erom draait dat ik het nieuwe gedrag onvoldoende geborgd heb. Ik zal dit goed moeten checken de volgende keer. En opnieuw vergelijkbare oefeningen doen, echt inoefenen en vooral in beweging, in actie. En er is nog een kern: die bezorgdheid steeds weer. Gaat het wel goed? Het laat me lang niet altijd los. Hier wil ik apart over nadenken, misschien is het een thema voor collegiaal overleg.
Mijn voornemens tot nieuw handelen voor het volgend gesprek	▷ Uitgebreider inoefenen van het gewenste gedrag. ▷ Huiswerk SMART maken. ▷ Vragen naar achterliggende problematiek (moedeloosheid) en de ernst daarvan, ook in andere werksituaties.

REFLECTIE ALS CYCLISCH PROCES

Naam coach	Naam coachee Sjef	Datum ....
Wat ik wil vasthouden	Ik heb er echt van genoten dat Sjef zo enthousiast werd. Dat deed me goed en biedt een nieuw perspectief voor 'in beweging komen'.	

3.7.4 Reflectielogboek coachee

Naam	Datum .... Gesprek nr. ....
Mijn vraag	
De resultaten van mijn huiswerk van vorige keer	
Mijn gespreksverslag	
De herformulering van mijn vraag (of de kern van het gesprek)	
Om welke opties ging het? Welke keus heb ik gemaakt?	
Mijn actievoornemens	
Mijn reflectie op het gesprek	
Wat wil ik nog meer kwijt of vasthouden?	

3.7.5 Verbatim schrijven

(Verbatim schrijven wil zeggen de letterlijke tekst van een coachingsgesprek uitschrijven op basis van een band- of video-opname)

Coach: Wat is je werkvraag vandaag?
Coachee: Tja, ik zou het wel willen hebben over wat me blokkeert om bij mijn gevoelens te komen. Of eigenlijk, ik heb die gevoelens wel, maar ik kan ze zo moeilijk uiten... ik weet niet... het staat me flink in de weg bij mijn werk, thuis trouwens ook, mijn vrouw zegt vaak dat ik nooit eens boos kan worden.
C: Ik merk dat je nog zoekt naar je juiste vraagstelling. Het is een belangrijk thema, dat zie ik ook aan je. Wil je nog eens een poging wagen?
Cee: Ja, het gaat me om het uiten van mijn gevoelens. Hoe kan ik dat leren?
C: Kun je me een voorbeeld geven vanuit je werk? Heeft zich bijvoorbeeld afgelopen week zoiets voorgedaan?
Cee: Jawel... ik moet even denken hoor... ik weet het. Ik heb een nieuwe collega die nogal stevig in zijn schoenen staat. Hij kwam gisteren mijn kamer binnen en zei tegen me dat hij er met geen haar op zijn hoofd over dacht om samen met mij die nieuwe klus te gaan doen. Zijn agenda zat helemaal vol.
C: Ja, en?
Cee: Ik voelde dat ik kwaad werd. Bied ik hem zo'n mooie mogelijkheid aan... het leek me ook leuk om eens een klus samen met hem te doen, zegt hij het bot af. Ik stond helemaal perplex, ik kon alleen maar stamelen dat ik hem wel begreep.
C: Wat heb je met je kwaadheid gedaan?
Cee: Nou, niks eigenlijk. Ja, tien minuten later ben ik uitgevallen tegen de secretaresse, die kon er helemaal niets aan doen. Ik heb later wel mijn excuses aangeboden. Maar verder vreet ik het eigenlijk op, doe ik er niets mee.
C: Overkomt je dat vaker?
Cee: Ja. Ik voel me dan zo klein. Waarom kan ik niet een beetje assertief zijn, gewoon zeggen waar het op staat.

	Ik zit nu weer plaatsvervangend kwaad te worden. Ik krijg er iets machteloos van...
C:	Zo'n klein mannetje, zeg je. Beschrijf dat eens voor me?
Cee:	Nou, dan ben ik weer net zo'n klein kind. Vroeger had ik dat ook. Als ik boos werd barstte de bom en kreeg ik een hoop gedonder achteraf. Dan had ik gescholden en kon ik vreselijk tekeergaan. Toen ik een jaar of twaalf was, begreep ik dat dat zo niet kon.
C:	En daarna heb je het nooit meer gedaan?
Cee:	Nou ja, natuurlijk wel eens, maar ik kon me beter beheersen. Ik liet het maar lopen, zo van: mijn beurt komt nog wel. En dan bewees ik me met de een of andere prestatie, bijvoorbeeld bij het sporten of op school. Ik wilde graag de beste van de klas zijn, dan konden ze me niks maken...
C:	Begrijp ik je goed als ik zeg dat je je woede bent gaan onderdrukken?
Cee:	Ja precies. En ik ben het gaan compenseren.
C:	En daar heb je nu nog last van. Wat kun je winnen als je ervan afkomt?
Cee:	Daar zeg je zo wat... Weet je, ik wil eigenlijk het liefst mezelf zijn. We hebben het nu over het uiten van mijn woede, maar het gaat ook over gevoelens als verdriet, spijt, plezier, noem maar op. Ik denk dat ik als ik meer mezelf ben, ook beter kan presteren en samenwerken. Nu kost het me bakken energie!

Onderzoeksvragen zijn bijvoorbeeld:
- ▷ Waar zitten belangrijke interventies? Waarom? Welke alternatieven zie je eventueel?
- ▷ Spelen oordelen, aannames of verwachtingen een rol? Interpretaties?
- ▷ Hoe verloopt de communicatie? (ten aanzien van luisteren, ingaan op elkaar, empathisch reageren, inhoud en betrekking enzovoort).
- ▷ Welke kansen worden er gemist in dit gesprek? Of: welke alternatieve reacties van de coach zijn mogelijk?

3.7.6 Notitieboekje van coachee en coach

(te gebruiken om ervaringen, herinneringen, gevoelens en emoties vast te leggen)

Coachee:

Ik ben het zat!
In stilte proef ik mijn woorden, mijn gevoelens.
Dankzij stilte ontstaat er een dialoog in mij.
Mijn lijf dient zich aan. Ik barst!
Ik ben het zat!
De druk op mij wordt verhoogd.
Ik hap naar adem, ik voel me trillen.
Natuurlijk verzet ik mij.
Tegen-natuurlijk?
Ik zet mijn kracht in als tegen-druk tegen mijn coach.
Een enorme kracht bruist in me, ik stoot die tegendruk weg.
Ik ben het zat! Meer dan zat!
Mijn kracht inzetten voelt als een golf van rust.
De stille oceaan is machtig en sterk.
Ik voel mijn voor- en mijn achterkant.
Ik word een geheel. Vastberaden. Dat doet me goed.
Ik ben de moeite waard om mezelf te ontmoeten.
Ik open mijn ogen, een glimlach op mijn lippen.
Kom maar op week. Kom maar op werk.
Ik ben er helemaal.

En de coach reflecteert:

In de spiegel kun je het glas zien
het spiegelt,
maar spiegelt het glas nog in de spiegel
als de mens (die dit ziet) weg is?
Emanuel Kant

Bijlage

Het SMART maken van doelen
Een minitool

In dit boek wordt bij de tools met enige regelmaat de afkorting SMART genoemd en kort toegelicht.
Hierna een wat uitgebreidere toelichting bij wijze van toegift.

Specifiek	Wanneer je een resultaat omschrijft of een doelstelling vaststelt, mag de omschrijving maar voor één uitleg vatbaar zijn. Wat betekent bijvoorbeeld: 'Ik wil beter functioneren?' Beter als manager? Beter op het gebied van coachend leiding geven? Als ik dat specifiek maak, gaat het dan om meer empathisch leiden, beter invoelen, duidelijk zijn of aanspreken op afspraken? Als je voor het laatste kiest: Wat is aanspreken op afspraken? Welke afspraken? Met wie, wanneer? Hoe? Hoe vaak? Kortom, concretiseren naar feitelijk waarneembaar gedrag is van groot belang om uiteindelijk resultaten te kunnen zien. En het hebben van commitment met deze specificering is onontbeerlijk.
Meetbaar	Een goede toetsvraag is: wat is het bewijs dat je je doelstelling hebt gehaald? Meten is weten. Wat wil je weten en hoe meet je dat dan? Als je bewijs is dat een medewerker beter gaat presteren omdat je hem aanspreekt op afspraken, kun je hier vaststellen dat je hem minstens een keer per dag aanspreekt. Of een keer per week. Dat is goed meetbaar.

Acceptabel	Middelen en activiteiten moeten in een redelijke balans zijn met elkaar. Je moet jezelf en de ander niet overvragen. Geen onovercomelijke hoogstandjes verwachten. Je moet de zekerheid hebben dat de afspraak haalbaar is. Een nota schrijven voor het MT van volgende week is specifiek en meetbaar, maar niet acceptabel als je onvoldoende achter het onderwerp staat. De cultuur van het bedrijf bepaalt vaak de norm, afspraken lijken in bepaalde culturen zeer acceptabel omdat ze toch niet nagekomen hoeven te worden.
Realistisch	Als beide partijen de overtuiging hebben dat het doel haalbaar is, is er sprake van een realistische afspraak. Wanneer doelen uitdagend zijn en ruimte bieden voor eigen invulling kan men zijn eigen verantwoordelijkheid goed nemen.
Tijdgebonden	De resultaten moeten binnen een vastgestelde periode behaald zijn. Gewoon in termen van een dag, een week, vier weken enzovoort. Niet eerder en niet later. Ook hier geldt weer: aanspreken op afspraken. En: was die afspraak wel zo concreet en zo realistisch als we dachten?

Grapjassen hebben als slagroom op de taart de letter I van inspirerend toegevoegd. **SMARTI** vertelt ons dan dat een scheut *inspiratie* het resultaat verbetert.

Literatuur (algemeen)

Benammer, K., M. van Schaik, I. Sparreboom, S, Vrolijk & O. Wortman (2006). *Reflectietools*. Lemma, Den Haag.
Beirendonck, L. van (2004). *Iedereen competent. Handleiding voor competentiemanagement dat werkt*. Lannoo Campus, Leuven.
Boomen, F. van den, R. Merkies & M. Hoonhout (2004). *Professionele dilemma's van de coach. Het maken van verantwoorde keuzes*. Nelissen, Soest.
Cohn, R. (1993). *Van psychoanalyse naar themagecentreerde interactie. Bouwstenen voor een pedagogisch systeem voor onderwijs, vorming en hulpverlening* (3e druk). Nelissen, Soest.
Covey, S.R. (2001). *De zeven eigenschappen van effectief leiderschap* (15e druk). Business Bibliotheek, Amsterdam/Antwerpen.
Downey, M. (2003). *Effective Coaching. Lessons from the coach's coach* (2nd ed.). Thomson Texere, New York.
Damasio, A. (2003). *Het gelijk van Spinoza. Vreugde, verdriet en het voelende brein*. Wereldbibliotheek, Amsterdam.
Dungen, M. van den & T. Koldijk (2006). *Word je eigen Mastercoach. Handboek voor NLP*. Andromeda, Middelie.
Hendriksen, J. (2006). *Cirkelen rond Kolb. Begeleiden van leerprocessen* (2e druk). Nelissen, Soest.
Hendriksen, J. (2005). *Werkboek intervisie* (4e druk). Nelissen, Soest.
Kim Berg, I. & P. Szabó (2006). *Oplossingsgericht coachen*. Thema, Zaltbommel.
Korthagen, F. (2002). Reflectie als basis voor professionele ontwikkeling in het onderwijs. In: Fonderie, L. & J. Hendriksen (red.) *Begeleiden van docenten* (2e druk). Nelissen, Soest.
Korthagen, F., B. Koster, K. Melief & A. Tigchelaar (2002). *Docenten leren reflecteren. Systematische reflectie in de opleiding en begeleiding van leraren*. Nelissen, Soest.
Lakerveld, A. van & I. Tijmes (2002). *Visies op supervisie. Reflecties op de praktijk*. Nelissen, Soest.
Merkies, Q.L. (red.) (2000). *Reflecteren door professionele begeleiders*. Garant, Leuven/Apeldoorn.
Schön, D.A. (1983). *The reflective practitioner. How professionals think in action*. Basic Books, San Francisco.
Schreyögg, A. (2003). *Coaching. Een inleiding voor praktijk en opleiding* (5e druk). Pearson Education Benelux, Amsterdam.
Vogelauer, W. (2001). *Methoden-ABC im Coaching. Praktisches Handwerkszeug für den erfolgreichen Coach*. Hermann Luchterhand Verlag, Niewied.

Literatuur (tools)

Andreas, C. & T. Andreas (1995). *Kerntransformatie. NLP als weg naar je innerlijke bron*. Servire, Utrecht.
d'Ansembourg, T. (2006). *Stop met aardig zijn* (2e druk). Ten Have, Kampen.
Beirendonck, L. van (2004). *Iedereen competent. Handleiding voor competentiemanagement dat werkt*. Lannoo Campus, Leuven.
Belbin, R.M. (2001). *Teamrollen op het werk* (4e druk). Academic Service, Schoonhoven.
Benammer, K., M. van Schaik, I. Sparreboom, S. Vrolijk, & O. Wortman (2006). *Reflectietools*. Lemma, Den Haag.

Beuken, J. van den & J. Bustraan (2005). *Coaching: it takes 2 to tango. Een afstemmingsmethode.* Nelissen, Soest.
Bodian, S. (2005). *Mediteren voor Dummies.* Addison Wesley/Pearson Education Benelux.
Buzan, T. & B. Buzan (2002). *The Mind Map Book.* BBC Worldwide Limited, London.
Bijl, J., P. Baars & A. van der Schueren (2002). *Vertellen werkt. Mogelijkheden van storytelling in organisaties.* Pearson Education Benelux/ De Baak.
Covey, S.R. (2001). *De zeven eigenschappen van effectief leiderschap* (15e druk). Business Contact, Amsterdam/Antwerpen.
Covey, S.R. (2005). *De achtste eigenschap. Van effectiviteit naar inspiratie.* Business Contact, Amsterdam/Antwerpen.
Cursusmateriaal van de opleiding Trainer als Coach van de Associatie voor Coaching (2000-2004).
Dorresteijn, N. & I. Svantesson (1996). *Mindmapping in de praktijk* (6e druk). Bohn Stafleu van Loghum, Houten/Diegem.
Gallwey, W.T. (2000). *Spelenderwijs werken.* Nieuwezijds, Amsterdam.
Gallwey, W.T. (2002). *In goede banen. Tennis als innerlijk spel* (2e druk). De Kern, Baarn.
Gawain, S. (1986). *Creatief visualiseren* (3e druk). Ankh-Hermes, Deventer.
Gendlin, E. (1999). *Focussen, gevoel en je lijf* (6e druk). De Toorts, Haarlem.
Gerritse, T. (2000). *Over kleine dingen. Een inleiding in de haptonomie.* Elsevier, Maarssen.
Hendriksen, J. (2006). *Begeleid intervisie model* (5e druk). Nelissen, Soest.
Hendriksen, J. (2005). *Werkboek intervisie* (4e druk). Nelissen, Soest.
Hoffmann, B. (1997). *Handbuch Autogenes Training. Grundlagen, Technik, Anwendung* (12e Aufl.). Deutscher Taschenbuch Verlag, München.
Hombergen, R. (2005). *Loopmeditaties.* Elix, Zutphen.
Imai, M. (1993). *Kaizen. De sleutel van Japans succesvolle concurrentie.* Kluwer, Deventer.
Jong, P. de & I. Kim Berg (2004). *De kracht van oplossingen. Handwijzer voor oplossingsgerichte gesprekstherapie* (2e druk). Harcourt, Amsterdam.
Jourdan, M. & J. Vigne (2004). *Lopen loutert. Over de spiritualiteit van het wandelen* (2e druk). Ten Have, Kampen.
Karsten, C. (2003). *Omgaan met burnout. Preventie, hulp en reïntegratie* (10e druk). Elmar, Rijswijk.
Kim Berg, I. & P. Szabó (2006). *Oplossingsgericht coachen.* Thema, Zaltbommel.
Kleinsorge H. (1970). *Ontspanning door autogene training.* De Driehoek, Amsterdam.
Korrel, M. (2003). *Het begeleiden van effectieve leerprocessen. Over interventiekunde, de waarde van weerstand en de interventiekaart als wegwijzer.* Nelissen, Soest.
Lasalle, H. (1972). *Inleiding tot de Zenmeditatie.* Ambo, Bilthoven.
Leu, Lucy (2007). *Werkboek geweldloze communicatie.* Lemniscaat, Rotterdam.
Leijssen, M. (1999). *Gids voor gesprekstherapie* (2e druk). Elsevier/De Tijdstroom, Maarssen.
Lowen, A. (1980). *Leven zonder angst.* Servire, Utrecht.
Lowen, A. & L. Lowen (1989). *Bio-energetische oefeningen.* Servire, Utrecht.
Ludeman, K. & E. Erlandson (2006). *Alpha Male Syndrome.* Harvard Business School Press, Boston.
Ofman, D. & R. van der Weck (2000). *De kernkwaliteiten van het Ennegram.* Scriptum Management, Schiedam.
Parkin, M. (2001). *Tales for Coaching.* Kogan Age, New York.
Perls, F. (1976). *Gestalt Therapie Verbatim* (3e druk). Bert Bakker, Amsterdam.
Perls, F.S. e.a. (1976). *Gestalt is.* Boom, Meppel.
Rijkers, T. (2004). *Succesvol werken aan je competenties* (2e druk). Nelissen, Soest.
Rosenberg, M.B. (1992). *Geweldloze communicatie. Ontwapenend en doeltreffend* (2e druk). Lemniscaat, Rotterdam.

Schultz, J.H. (1953). *Das Autogene Training* (8e Aufl.). Georg Thieme Verlag, Stuttgart.
Schulz von Thun, F. (2001). *Mit Einander Reden 3. Das Innere Team und situationsgerechte Kommunikation* (8e Aufl.). Rowohlt Taschenbuch Verlag, Reinbek bei Hamburg.
Schulz von Thun, F. & W. Stegemann (Hrsg.) (2004). *Das Innere Team in Aktion. Praktische Arbeit mit dem Modell.* Rowohlt Taschenbuch Verlag, Reinbek bei Hamburg.
Senge, P. e.a. (2000). *Het vijfde discipline praktijkboek. Strategieën en instrumenten voor het bouwen van een lerende organisatie.* Academic Service, Schoonhoven.
Steinfeld, L. (1980). *Autogene Meditatie.* Uitgeverij Helmond, Helmond.
Stone, H. & S. Stone (2002). *De innerlijke criticus ontmaskerd.* De Zaak, Groningen.
Swaaij, L. van & J. Klare (2004). *Zakatlas van de belevingswereld* (3e druk). Meteor Press/Hoofdzaken, Deventer.
Veenbaas, W. (1994). *Op verhaal komen: werken met verhalen en metaforen in opleiding, training en therapie.* Scheffers, Utrecht.
Verhoef, A. (2001). *Creatieve loopbaanplanning* (met cd). Nelissen, Soest.
Vogelauer, W. (2001). *Methoden-ABC im Coaching. Praktisches Handwerkszeug für den erfolgreichen Coach.* Hermann Luchterhand Verlag, Niewied.
Vos, K. & F. de Jongh (2005). *Werkboek visualiseren* (2e druk). Sigma Press, Tilburg.
Waard-van Maanen, E. de (2003). *De veldheer en de danseres. Omgaan met je levensverhaal. Over loopbaanbegeleiding en coaching* (2e druk). Garant, Antwerpen/Apeldoorn.
Weiser Cornell, A. (2000). *De kracht van focussen. Luisteren naar je lijf kan je leven veranderen. Een praktische gids.* De Toorts, Haarlem.
Wolbink, R. (2005). *Gestalt in supervisie.* Nelissen, Soest.

Over de auteur

Jeroen Hendriksen (1945) is zelfstandig gevestigd als personal coach, trainer en organisatieadviseur/teamontwikkelaar. Hij houdt zich vooral bezig met trainingen op het gebied van personal coaching, 'train de trainer'-programma's, teambuilding en intervisie. Hij is gediplomeerd trainer Themagecentreerde Interactie.
Van oorsprong is hij fysiotherapeut. Later studeerde hij sociale pedagogiek. Hij is in verschillende directiefuncties binnen het middelbaar beroepsonderwijs werkzaam geweest en hij was vijf jaar directeur van de Academie voor Haptonomie. Daarna is hij een vijftal jaren partner geweest bij de Associatie voor Coaching in Aarle-Rixtel.
Zijn speciale belangstelling ligt bij leren en leerprocessen en het ondersteunen hiervan in organisaties, teams en onderwijsgroepen. De ontwikkeling van persoonsgerichte coaching heeft zijn warme belangstelling, hetgeen onder meer tot uiting komt in het opleiden van personal coaches.

Adres:
Cattepoelseweg 2
6821 JW Arnhem
(026) 443 2471 of (06) 2039 9366
e-mail: j.a.p.hendriksen@hetnet.nl
www.jeroenhendriksen.nl

Van Jeroen Hendriksen zijn bij uitgeverij Nelissen de volgende boeken verschenen:

Intervisie bij werkproblemen
Procesmatig en taakgericht problemen oplossen (met medewerking van H. Elich, I. Hamstra en H. Veendrick)
1e druk 1986; 13e druk 2007
Het boek is geschreven op basis van intervisie-ervaringen van werkers uit de praktijk. Het behandelt de theorie van intervisie en themagecentreerde interactie als grondstructuur voor het intervisiegesprek. Daarnaast de methoden: de incidentmethode, de krachtenveldanalyse, de profielbeschrijving, de Balintmethode en de methode Raguse. Elk hoofdstuk eindigt met een systematische samenvatting. Daarnaast is er aandacht voor praktijktoepassingen.

Begeleid intervisie model
Collegiale advisering en probleemoplossing
1e druk 1997; 5e druk 2006
Intervisie is een gestructureerde wijze van collegiale advisering en probleemoplossing. Intervisie is erop gericht in een groep collega's actuele werkproblemen te bespreken. Bij begeleide intervisie wordt gewerkt onder begeleiding van een ervaren deskundige die het proces en de werkwijze bewaakt. Intervisie is daardoor laagdrempelig en voor diegenen toepasbaar die anders onvoldoende in staat zouden zijn geweest zelfstandig intervisie op te zetten. Met veel praktische voorbeelden, zoals een intervisiecontract, intervisieoefeningen en tips voor invoering van intervisie.

Collegiale consultatie en coaching
Een model voor het coachingsgesprek
1e druk 2000; 5e druk 2009
Bij collegiale consultatie roept de consultvrager ondersteuning in van een deskundige collega. Het beschreven model voor collegiale consultatie is oorspronkelijk door de Amerikaan Caplan ontwikkeld.
Collegiale consultatie is te zien als eenvoudige gespreksmethodiek voor alledaagse problemen.
Vandaag de dag is dit boek uitstekend bruikbaar bij het collegiale coachen zoals dat in toenemende mate plaatsvindt binnen organisaties. Behalve een gespreksmodel en een groot aantal oefenin-

gen en checklists biedt de auteur ook een systematische aanpak van de implementatie van dit model binnen de organisatie.

Begeleiden van docenten
Reflectie als basis voor professionele ontwikkeling in het onderwijs
Redactie: Lies Fonderie-Tierie en Jeroen Hendriksen
1e druk 1999; 2e druk 2002
Het onderwijs staat voor de opgave pedagogisch-didactisch beleid vorm te geven, gericht op actief en zelfstandig leren. Dat vraagt van zowel docenten als managers nieuwe vaardigheden, een andere wijze van handelen en een blijvende professionele ontwikkeling. Dit boek handelt over de begeleiding van die professionele ontwikkeling. De verschillende op reflectie gerichte methodieken worden hoofdstuksgewijs behandeld en verduidelijkt door vele praktijkvoorbeelden. Aan de orde komen onder meer lesbezoek, coaching, leren reflecteren, supervisie, loopbaanmanagement en staff appraisal.

Werkboek intervisie
1e druk 2002; 5e druk 2009
Dit praktijkboek bevat oefeningen, methoden en werkvormen die het intervisiegesprek op maat ondersteunen. Bij elke oefening is beschreven wat er van de groep en de gespreksleider wordt verwacht. De intervisieoefeningen worden overzichtelijk gepresenteerd en ingedeeld naar niveau (beginners, gevorderden en vergevorderden).
Om direct aan de slag te kunnen is een bepaalde basiskennis nodig. Om deze reden biedt het werkboek een beknopte uitleg van de principes van intervisie. Het werkboek is geschikt voor iedereen die intervisie wil doen.

Het thema centraal
Praktijk en theorie van de themagecentreerde interactie
Redactie: Jeroen Hendriksen en Arjan de Wit
1e druk 2004
25 jaar na verschijning van het bekende boek *Van psychoanalyse naar themagecentreerde interactie* van Ruth Cohn (de grondlegger van TGI) wordt een Nederlandstalig praktijkboek gepresenteerd. Acht auteurs uit België en Nederland berichten over uiteenlopende ervaringen met het werken met TGI: levend leren en creativi-

teit, thematiseren, vergaderen, opleiden van managers, intervisie en supervisie, onderwijsontwikkeling en de toekomst van TGI.

Cirkelen rond Kolb
Begeleiden van leerprocessen
1e druk 2005; 4e druk 2009
Cirkelen rond Kolb is leerboek en oefenboek tegelijkertijd. Spelenderwijs wordt de lezer meegenomen in de boeiende wereld van het ervaringsleren. Niet alleen wordt de theorie van Kolb (en zijn voorgangers) uitgediept, ook wordt een relatie gelegd naar actuele Nederlandse ontwikkelingen op het gebied van het leren (het nieuwe leren). Zo ontstaat een rijk palet aan mogelijkheden voor manager, trainer, opleider, consultant, personal coach en docent om zelf vorm te geven aan nieuwe leerimpulsen.

Handboek intervisie
1e druk 2009
Handboek intervisie behandelt de belangrijkste thema's die van invloed zijn op het succes van intervisie. De thema's zijn op een heel toegankelijke wijze uitgewerkt, met voorbeelden en schema's. Het boek is gebaseerd op de uitgebreide ervaring van de auteur met intervisiebegeleiding.